Contents

- 4 サク旅のススメ
- 5 サク旅のルール
- 6 この本の使い方

サク旅 東日本 編

- 8 001 サク旅北海道
  シメパフェを食べるだけの旅
  札幌

- 14 002 サク旅青森
  「レストラン鉄道」を体験する旅
  TOHOKU EMOTION

- 18 003 サク旅山形
  世界一のクラゲを見に行く旅
  クラゲドリーム館

- 24 004 サク旅千葉
  憧れのホテルでこもる親孝行旅
  鴨川

- 28 005 サク旅東京
  都会の女になりきる旅
  奥渋谷

- 34 006 サク旅神奈川
  ご近所であえて1泊する旅
  鎌倉

- 40 007 サク旅静岡
  「体の中をキレイに」を叶える旅
  北斎 Enzyme Detox SPA

- 44 008 サク旅新潟
  雪の中でアツアツの
  ラーメンを食べる旅
  燕三条

- 48 009 サク旅長野
  「温泉に入る猿」を見に行く旅
  地獄谷野猿公苑

- 54 010 サク旅石川
  「アート」に楽しく触れてみる旅
  金沢 21世紀美術館

サク旅 西日本 編

- 62 011 サク旅三重
  「お伊勢参り」＋αの旅
  伊勢

- 68 012 サク旅京都
  次の恋に備える旅
  京都

- 74 013 サク旅大阪
  友人に会いに行く旅
  大阪

- 80 014 サク旅兵庫
  「遠くに海を見に行きたい…」を
  叶える旅
  淡路島

- 84 015 サク旅岡山
  ローカルな遊園地を満喫する旅
  鷲羽山ハイランド

- 90 016 サク旅香川
  ひたすらうどんを食べる旅
  高松

- 96 017 サク旅愛媛
  ドラマや映画の舞台を見に行く旅
  松山

- 102 018 サク旅福岡
  はしご酒してみる旅
  博多

- 108 019 サク旅大分
  温泉で人生を考える旅
  湯布院

- 112 020 サク旅沖縄
  シメステーキしちゃう旅
  那覇

＋1時間の旅

宮城・東京

- 120　1　仙台から40分
  円通寺で数珠づくり＆
  海鮮づくし（宮城）

- 2　東京から30分
  オリーブスパで
  極上の癒やし体験（東京）

- 121　3　東京から10分
  新しい銀座めぐり（東京）

- 4　東京から30分
  中目黒で夜散歩（東京）

愛知・岐阜

- 122　5　名古屋から15分
  熱田神宮＆ひつまぶし（愛知）

- 6　名古屋から30分
  スーパー銭湯めぐり（愛知）

- 123　7　名古屋から5分
  本場でモーニング（愛知）

- 8　名古屋から45分
  川原町の古い街並み散策＆
  ジューシー餃子（岐阜）

京都・大阪・兵庫

- 124　9　京都から20分
  純喫茶でタイムトリップ（京都）

- 10　大阪から1時間
  有馬温泉でゆったり（兵庫）

- 125　11　大阪から10分
  旅先で行きつけのカフェをつくる（大阪）

- 12　大阪から1時間
  六甲山で絶景ディナーを（兵庫）

福岡・山口

- 126　13　博多から45分
  門司港でレトロ散歩＆焼きカレー（福岡）

- 14　博多から45分
  太宰府天満宮＆梅ヶ枝餅（福岡）

- 127　15　博多から45分
  糸島で自然体験＆名物スイーツ（福岡）

- 16　博多から1時間
  下関・唐戸市場でお寿司（山口）

- 60　サク旅コラム1　旅のプランの立て方
- 118　サク旅コラム2　旅のマイルール
- 128　サク旅コラム3　旅の持ち物　基本編
- 130　サク旅コラム4　旅の持ち物　応用編
- 132　サク旅コラム5　おすすめのカメラ＆アプリ
- 134　サク旅コラム6　旅のスマホ活用術

サク旅のススメ

「欲張りな女の子ほど幸せになっていく」。これは私がコピーライター時代に書いたコピーです。広告賞応募用のコピーで、これを先輩社員に見せたとき、「ほんとにそうだね」と大きく赤いマルをつけてもらったことをいまだに覚えています。現代の女の子は欲張りです。仕事も恋愛も家族も友人も全部大切にしたい、おろそかにしたくない。私はその姿勢、大正解だと思います。まず求めないと、何も得られないから。

けれど結果、毎日は忙しくなるもの。欲しいものが多いのだから当たり前だけど、日々は時間との戦いになります。現代の女子は、キラキラ度に比例して、忙しい！

そんな中でも、プライベートも充実させたい、短い時間を効率よく使って、いろんな場所に行っていろんなものを見たいという女子におすすめの提案が「サク旅」です。時間がないときに素早く食事をすることを「サク飯」と言いますが、その感覚で旅をすることを、ここでは「サク旅」と名付けたいと思います。

かくいう私も「サク旅」常連者です。この本では、私の旅体験をベースに、周囲の旅上手な方のクチコミなども参考にして、日本全国20か所の「サク旅」コースをご提案しています。さらに、出張などの機会にちょっと空き時間ができたときでも、サクッと1時間以内で立ち寄って旅気分が味わえる、「＋1時間の旅」コースも考案しました。

みなさんの日常に旅が加わることで、今よりももっとときめきにあふれた毎日が手に入れられることを願っています。

はあちゅう

サク旅のルール

1 期間は**1泊2日**。2日目の夜には家にいること

1泊2日でどこかにサクッと行って、2日目の夜にはしれっと家にいる。休み明けに引きずらない気軽さが「サク旅」の醍醐味です。

2 ひとつの旅でひとつの**憧れを叶える**こと

旅先であれもこれもと欲張ってしまうと、リフレッシュに行ったはずが、逆に疲れてしまうもの。「サク旅」では、その旅で叶える憧れをひとつ決め、それを叶えれば合格とします。例えば「札幌でシメパフェを食べる」を叶えたなら、残りのことはオマケ。ついでのお楽しみもご提案していますが、疲れてきたらやめてもOKです。

3 **スマホ**をフル活用すること

効率的な旅をするためにも、スマホをフル活用。出発前に下調べの時間が十分に取れなくても、今は現地で、気分・天候に合わせたルートをその場で調べられますよね。予定をこなすだけ・テンプレートの観光ルートをなぞるだけの旅にはせず、臨機応変に、行き当たりばったりの旅を楽しんでください!

この本は以下のような方には特におすすめです

- 細かいことを考えたくない人
- ミーハーを楽しみたい人
- 日常と非日常のちょうど真ん中くらいの「すぐに日常に戻れる非日常」が欲しい人
- 旅だからといって無理はしたくない人
- やりたいことしかやりたくない人
- 体に負担をかけたくない人
- 出張ついでにサクッと旅したい人

この本の使い方

本書では、各コースごとに、旅を楽しむためのエッセイと、モデルルート、マップやお店の情報などを掲載しています。

1 すべての旅に**テーマ**を設けています

「行きたい場所」ではなく「やりたいこと」をゴールにして、旅の設計をしています（例：×「札幌に行く」→○「シメパフェを食べる」）。「どこに行きたいか」ではなく「どんなことをしたいか」「どんな気分になりたいか」で旅行先を決めてみてください。

2 モデルルートは何種類も提示しません。**一択**です

「とにかく時間がない」「調べているうちに疲れて旅行ごとやめたくなる」読者を想定しているので、ルートの提案は最低限です。このまんま、まるっと真似していただいてもいいですし、行きたいところだけつまんだり、アレンジしたりしてただいても。宿泊施設について明記していない場合はご自分でお好みの宿をセレクトしてください。

3 基本的に1日目の**昼始まり、翌日午後終わり**になっています

早起きはなるべくしない。夜には家に帰って原状復帰し、明日からの日常にゆっくりと備える…。そんな「日常を大切にする」人のために、無理のないルートを組んでいます。

なお、この本は著者が都内在住のため、東京発前提でのタイムスケジュールになっています。これはあくまで目安として、ご自身のお住まいの場所に合わせ、適宜調整をしてください。あなたのオリジナル「サク旅」もぜひ、SNSで「#サク旅」をつけて投稿してください（著者が毎日見ています）。

＊本書の情報は2018年1月現在のものです。諸事情により変更になっている場合もあるので、実際に旅行をする際は最新情報をご確認ください。
＊本書掲載の写真は著者取材時のもので、現在ではメニューなど異なる場合もありますが、ご了承ください。
＊本書のモデルルートの交通手段は一例です。他の手段がある場合もあるので、あくまでも参考としてお考えください。

東日本編

札幌に飛んで、今話題の「シメパフェ」を堪能し、
山形では、世界一のクラゲ水族館で癒やされる。
その土地ならではの、特別な体験を求めて東へGO！

001 サク旅北海道

Theme:
シメパフェを食べるだけの旅

Place:
札幌

北海道

Point:
札幌でトレンドとなっているのが、
お酒の後に食べる「シメパフェ」。
お酒×パフェは「大人になってよかった」を
実感する、特別な組み合わせ。
人気店は深夜でも行列なんてこともざらです。

Hachu's Travel story

#サク旅北海道 #シメパフェを食べるだけの旅

北海道

　真夜中に食べるのはダメだと知っていても、普段は我慢しているからこそ、羽目を外している自覚が、楽しみを増してくれる気がします。だから「シメパフェ」なんて聞いただけでワクワクしてしまう。

　お酒に弱いので、普段はパスすることも多いのですが、旅先だと、ちょっとくらい飲んでみようかな、という気にもなってきます。いつもと違う行動をしていると、いつもと違う自分に出会える気がして、友人との会話も弾むもの。いつもと同じメンバーでも、場所が変わるだけで、なぜか楽しく感じるんですよね。

　それは悩み事についても同じ。私は「物理的に離れる」というのは、いい解決法だと思うんです。家にいると悩んでしまうことも、旅先のカフェでコーヒーを飲んでいると「そんなにたいした悩みじゃなかった…」って思えたりして。

　だから、みなさんも普段の悩みは家に置いてきたことにして、旅先ではちょっとだけ未来の話もしてみませんか。これからの仕事のこと、彼とのこと、自分がこの先どんな人生を送りたいか。そんな熱い話も、旅先ならくすぐったくなりません。お互いの夢を語り合った後は、誓いの盃…ならぬ誓いのシメパフェで締めて、未来の自分にとっての大切な夜を過ごしましょう。きっとこの夜の記憶が、これからつらいことがあったときの心の支えになってくれるはず。

　いつもの場所で「一緒にパフェ食べたね」だって楽しいけれど、「あのとき、札幌で深夜にシメパフェ食べたね」という記憶は、一生ものだと思うんです。

ベストシーズン

お散歩しやすいのは、夏季の6〜8月。9月中旬以降は気温が下がってくるので、防寒をしっかりと。メイマルシェ(p10)は夏季の週末限定開催なので気をつけて。

Hokkaido 2days trip

シメパフェのついでに
札幌名物も満喫しちゃおう！

シメパフェを食べるだけの旅

Day 1

12:00頃　　札幌に到着
　　　　　↓ 🚇 南北線＋東西線（さっぽろ→円山公園）

昼ごはん：「裏参道牛肉店」Ⓐで腹ごしらえ
札幌在住の友人に教えてもらった店。イチ推しは、衣がザクっとして、中がたまらなくジューシーなメンチカツ。ランチセットの野菜サラダも、数種類の野菜が入っていて、とってもボリューミー。
　　　　　↓ 🚕 タクシー

お参り：「北海道神宮」Ⓑで旅の安全祈願
札幌を代表するパワースポット。自然豊かな円山公園と隣接しているので、参拝の後に森林を散歩しても。時にはリスに遭遇することもあるそう。
　　　　　↓ 🚶 徒歩

おやつ：「六花亭 神宮茶屋店」Ⓒへ立ち寄り
その場で焼いて、アツアツを手渡してもらえる「判官さま」は、ものすごくよく伸びる柔らか〜いお餅。1つ100円という信じられないお値段（しかもお茶は無料）で、人生最高のお餅体験を味わえます。お餅好きの人はぜひ訪問を。
　　　　　↓ 東西線＋札幌市電（円山公園→幌南小学校前）

お買い物：「メイマルシェ」Ⓓでとれたて野菜を購入
夏季の週末限定で、住宅街に突如として現れる、ヨーロッパの街角にあるようなマーケット。カラフルで新鮮なお野菜やフルーツだけでなく、オリジナルのお惣菜やこだわりの調味料なども購入できます。
　　　　　↓ 札幌市電（幌南小学校前→すすきの）

夜ごはん：「海味はちきょう 本店」Ⓔで乾杯
日が暮れてきたら、北海道の名物店で1次会。ここはストップと言うまでイクラを好きなだけのせてもらえる「つっこ飯」が有名。「おいさー、おいさー」のかけ声とともにイクラをのせてもらえるシーンは、SNSをやっていなくても、動画を撮りたくなってしまうこと請け合いです。
　　　　　↓ 🚶 徒歩

#サク旅北海道 #シメパフェを食べるだけの旅

北海道

Hachu's Point!

札幌はシメパフェスポットがいっぱい！
札幌では夜の定番になりつつあるシメパフェ。今回ご紹介した「佐藤」以外にも、"大人のためのパフェ"が売りの「パフェテリア パル」、フォトジェニックなパフェが楽しめる「イニシャル」など、気になるお店がたくさん！

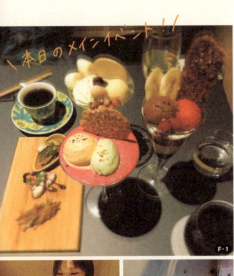

F-1

F-2

F-3

マルセイキャラメル
75円 G-1

G-2

G-3

H

おやつ： **「パフェ、珈琲、酒、『佐藤』」F でシメパフェ！**
たまたま前を通りかかって見つけたこのお店。「豆と梅、ほうじ茶」、「塩キャラメルとピスタチオ」「ショコラとマンゴー」等、大人の組み合わせのパフェはどこから見てもかわいくて、どこから食べてもおいしかったです。友人同士で違うパフェを頼んで、シェアしても盛り上がります。シメパフェを売りにしているお店の中にはスイーツメインのお店もありますが、ここは、パフェ以外にお酒、コーヒー、おつまみも出すので、甘いものが苦手な人とも一緒に行けるのがうれしい。人気店のためか、私が行ったときは21:00過ぎでも行列ができていました。

Day 2

お買い物＆おやつ： **「六花亭 札幌本店」G はおみやげ天国**
1日目は夜更かししたから、2日目の朝はゆっくり二度寝でもOKですが、もし、早起きできたなら、ぜひ六花亭の札幌本店へ。バラ売りのお菓子があるので、ついいろいろほしくなってしまいます。イートインできるので、余裕があれば朝のおやつを。私がこのときいただいたのは、秋限定メニューの「さっぽろ植物園」(G-2)。ふわっとした食感のレアチーズケーキにかかっているのは、ほぐした栗。また、「マルセイバターサンド」がアイスになった「マルセイアイスサンド」(G-3)も見逃せない。札幌本店と帯広本店などで提供（季節によって、提供店舗が異なる場合あり）。

↓ 🚌 JR北海道バス（北5条西7丁目→北5条西24丁目）

昼ごはん： **「回転寿し トリトン 円山店」H でラスト飯**
回るお寿司ながらも、北海道の旬のネタが食べられるので、最後に北海道らしいものをたくさん食べて帰りたい〜という気分にぴったり。私はここで初めて「たこの子（卵）」というネタをいただきました。お値段はちゃんと回転寿司価格で、ものすごくお腹いっぱい食べても、ひとり2000円程度でびっくりしたことがあります。

14:00頃　**サク旅終了！　帰宅へ**

11

Hokkaido Information

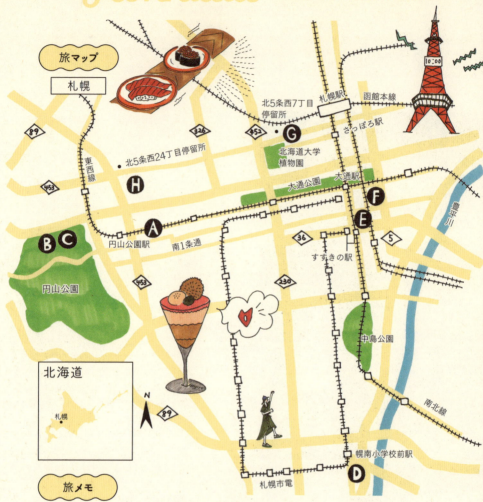

旅マップ
札幌

北海道

- ☐ 今回のモデルルートなら、**地下鉄と路面電車、バス**を使えばほとんど回れます。
- ☐ 「**六花亭 札幌本店**」にはオリジナル雑貨も。包装紙柄の**マスキングテープ**が素敵（①）。
- ☐ **新千歳空港**（②）はおみやげコーナーが充実していて、**試食コーナーもいっぱい**。
  初訪問の際はギリギリに行かず、空港タイムをしっかりとっておきましょう。
- ☐ 新千歳空港みやげの中でもおすすめは、ANA FESTAで売っている**「牧家」**
  （BOCCA）の**飲むヨーグルト**（③）。著者の人生NO.1飲むヨーグルトです。

① 雑貨好きなら必見のかわいさ
おなじみの花柄は、北海道の山野の木と草を描いたものだそう。

② 大充実の新千歳空港
温泉や映画館、さらにはラーメンテーマパークのようなエリアも。

③ クリーミーさがやみつきに！
理性が吹っ飛ぶほどのおいしさ。ヨーグルト好きなら、ぜひ！

サク旅スポット

A 裏参道牛肉店

日替わりで数種類の部位が楽しめるローストビーフ定食も、最高においしくておすすめです。
- 札幌市中央区南1条西22-2-11
- 011-618-1129
- 11:30〜15:00（L.O.14:00）、18:00〜23:00（L.O.21:00）
- 木休、水はランチのみ

B 北海道神宮

北海道開拓の守護神である開拓三神と明治天皇が祀られ、北海道の総鎮守として敬われています。
- 札幌市中央区宮ヶ丘474
- 011-611-0261
- 開門時間は時期によって異なるので公式サイトで確認を
- www.hokkaidojingu.or.jp/

C 六花亭 神宮茶屋店

六花亭のお店の中でも「判官さま」が食べられるのは、ここだけ。そば粉が入ったお餅は、香ばしさ抜群！おみやげに買って帰ったら、フライパンなどで温めて焼き立てのおいしさを再現して。
- 札幌市中央区宮が丘474-48
- 0120-12-6666
- 9:00〜16:00
- *季節により変動あり
- 年中無休

D メイマルシェ

買い物カゴとして店内で使われている大きなバスケットは、つい写真を撮りたくなってしまうかわいさ。
- 札幌市中央区南22条西6-1
- 011-532-1432
- 10:30〜12:45
- *夏季の週末開催／日程は公式サイトで確認を
- www.may-eu.com/marche/

E 海味はちきょう 本店

北海道の海の幸、山の幸が楽しめるお店。どのメニューもおいしく、特に海鮮は、ツヤとハリがあって、歯ごたえや身のつき方まで最高でした。
- 札幌市中央区南3条西3
- 011-222-8940
- 月〜土：18:00〜24:00（L.O.23:00）／日・祝：17:00〜23:00（L.O.22:00）
- 年中無休

F パフェ、珈琲、酒、『佐藤』

北海道産の牛乳を使用したソフトクリームのほか、自家製のアイスクリームやソルベ、ムースや焼き菓子を使ったこだわりのパフェは絶品！
- 札幌市中央区南2条西1-6-1
- 011-233-3007
- 火〜木：18:00〜24:00／金：18:00〜26:00／土：13:00〜26:00／日：13:00〜24:00
- 不定休

G 六花亭 札幌本店

JR札幌駅からも近い、便利な立地。圧巻の品揃えに感動するはず。2階の喫茶室では、札幌本店限定のデザートもあるので、ぜひ立ち寄りを。
- 札幌市中央区北4条西6-3-3
- 0120-12-6666
- 店舗10:00〜19:00、喫茶室10:30〜18:00（L.O.17:30）
- *季節により変動あり
- 年中無休

H 回転寿しトリトン 円山店

北海道の旬のネタがリーズナブルに楽しめるので、観光客はもちろん、北海道の人にも大人気。行列ができることも多いので、時間には余裕を持って。開店時または遅めに行くのがおすすめ。
- 札幌市中央区北4条西23-2-17
- 011-633-5500
- 11:00〜22:00（L.O.21:30）
- 年中無休

次に行きたいリスト

今回行けなかったけど

☐ **鮨 一幸**
まわりのお寿司好きたちが「人生一番のお寿司体験だった」とうなる名店。完全予約制。予約はかなり困難ですが、ねばってみる価値あり！

☐ **白い恋人パーク**
おみやげの定番「白い恋人」のテーマパーク。館内はフォトジェニックで、写真撮影にうってつけ。お菓子づくり体験、工場見学などもできます。

002　サク旅青森

Theme:
「レストラン鉄道」を体験する旅

Place:
TOHOKU EMOTION

青森

Point:
列車を移動手段ではなく、目的に。
特別仕様の贅沢で快適な客席で、
目の前を通り過ぎる車窓の景色を
楽しみながら、ゆったりと食事。
その思い出は特別なものになるはずです。

Hachu's Travel story

青森

#サク旅青森　#「レストラン鉄道」を体験する旅

　子どものときから食堂列車というものに憧れがありました。「動く場所でごはんが食べられるなんて！」とワクワクしながら、海外の食堂列車の写真を図鑑で眺めていた記憶があるのですが、一方で自分とは縁遠いことのような気もしていました。

　けれど、たまたまご縁があって「TOHOKU EMOTION」を知り、乗車体験をさせていただくことになり、「あ、これ、昔からの夢だった！」と、子どもの頃からの夢に思いがけず再会したような気持ちになりました。

　白いレンガのイラストで覆われた車体は、レストランをイメージしているそう。個室、ライブキッチンスペース、オープンダイニングの3両編成になっていて、車両を変わるごとに、がらりと雰囲気が変わります。往路はランチコース、目的地（ドラマ『あまちゃん』の舞台としても有名な久慈駅）に到着したら少し周辺を観光して、復路はデザートブッフェという、夢のような旅程。

　いつも列車の乗車中は、作業をするなど時間をつぶすように過ごして、速く目的地につかないかとソワソワしていたものですが、この旅の後は「列車に乗っている時間も旅の一部なんだ」と思えるようになりました。目的地に到着することが、なんだかもったいないように思えた旅行は、初めてかもしれません。

　飛行機のファーストクラスに乗るのは難しくても、"列車のファーストクラス体験"なら手が届きそう。ぜひ、大切な人を連れて行って、ゆったりとしたひとときを過ごしてみてください。

ベストシーズン

11～3月の青森は非常に冷え込むので、動きやすいのは4～10月、とくに梅雨が終わった7～8月がベストシーズン。「TOHOKU EMOTION」は週に数本運行しますが、人気列車なので、運行日を調べて早めに予約を。

aomori 2days trip

青森のおいしいものを求め、市場へ、食堂へ、鉄道へ！

A

B ぎっしり...

C

D-1

D-2

D-3

D-4

「レストラン鉄道」を体験する旅

Day 1

11:30頃　八戸に到着
↓ 🚌 100円バス（八戸→八食センター）

昼ごはん：「八食センター」Ⓐで海鮮BBQ
全長170mのスペースに約60店舗が軒を連ねる大型市場。さまざまな海産物がずらりと並ぶ様子は圧巻！館内の「七厘村」では、市場で買った新鮮魚介をその場で焼いて食べられます。
↓ 🚕 タクシー

昼ごはん：「みなと食堂」Ⓑで絶品丼を完食
ランチをはしごして行列が絶えない有名店へ。ごはんに平目が敷き詰められた「平目漬丼」が名物だけれど、海鮮が贅沢にのった「漁師の漬丼」、夏にはウニぎっしりの「生ウニ丼」もおすすめ。郷土料理の「せんべい汁」や、ウニとアワビを使った「いちご煮」も、ぜひ。
↓ 🚃 JR八戸線＋青い森鉄道＋🚌 送迎バス
（陸奥湊→三沢→星野リゾート 青森屋）

宿泊：「星野リゾート 青森屋」Ⓒで青森を満喫
祭りや郷土芸能といった青森が誇る文化を、ショーなどで体験できる、エンタメ性に長けた宿。青森の美しい水と緑をイメージしてつくられたという、池に浮かんでいるような露天風呂「浮湯」では、心地よい開放感を味わえました。

Day 2

11:00頃　「TOHOKU EMOTION」Ⓓで出発進行！
八戸駅に行き、レストラン風にラッピングされた列車に乗ると、中は完璧にテーブルセッティングされた異空間。1時間40分のフルコースの旅が始まります。車窓の風景を楽しみながら、土地の素材を使ったごちそうをいただくのは、最高の気分。体験型エンターテイメントと言ってもいいかも。
列車が岩手県の久慈駅で折り返すと、車内はデザートブッフェに変身。キラキラしたデザートはどれもおいしくて、幸せな時間が流れました。

16:00頃　サク旅終了！ 帰宅へ

aomori Information

#リク旅青森 #「レストラン鉄道」を体験する旅

青森

旅マップ

八戸

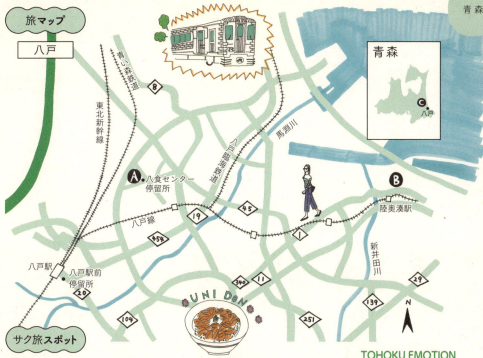

サク旅スポット

A 八食センター
マグロ解体ショーやお笑いライブなど施設内でのイベントも豊富。
- 八戸市河原木字神才22-2
- 0178-28-9311
- 9:00～18:00（市場棟）
  *味横丁、厨スタジアムは営業時間が異なる
- 水休（繁忙期には営業）

B みなと食堂
「平目漬丼」は、全国丼連盟開催の「全国丼グランプリ」で金賞を受賞。行列は覚悟して。
- 八戸市大字湊町字久保45-1
- 0178-35-2295
- 6:00～15:00
- 日休、年末年始休業あり

C 星野リゾート 青森屋
夜ごはんのビュッフェには、ほやなど地元の名産品がいっぱい。
- 三沢市字古間木山56
- 0570-073-022
- （9:00～20:00）
- 三沢駅などへの無料送迎バスあり（3日前までに要予約）

D TOHOKU EMOTION 東北レストラン鉄道
三陸の復興支援や地域活性化を目的に、八戸線の八戸～久慈間で運行を開始。1日1往復。運行詳細は公式サイトを参照してください。
- www.jreast.co.jp/tohokuemotion/
- 予約はびゅう窓口、びゅう電話予約センター、主な旅行会社で可能

旅メモ

- □「八食センター」には宅配コーナーがあるので、海産物をおみやげに送っても◎。
- □ 現地の鉄道は本数が少ないので、**タクシーなども使って効率よくまわって**。
- □「TOHOKU EMOTION」は、年2回担当シェフが替わり、メニュー内容は4回替わるので、リピーターでも毎回新鮮な気分で食事を楽しめます。

次に行きたいリスト

今回行けなかったけど

□ ガーデンレストラン・フェザント
八戸線鮫駅から車で約5分のイタリアン。地元名産の生ウニをたっぷり使ったパスタ（夏季のみ）や、アワビのパスタ（不定期）、鯖のピザが絶品。開放感満点のテラス席もおすすめ。

□ 天然温泉 はちのへ温泉
八戸駅から徒歩約15分と、立ち寄るのに便利な温泉施設。ナトリウム塩化物泉のお湯は、保温効果が高いのが特徴。サウナは高温サウナと低温サウナの2種類あり。

003　サク旅山形

Theme:
世界一のクラゲを見に行く旅

Place:
クラゲドリーム館
（鶴岡市立加茂水族館）

Point:
人生に疲れた人はクラゲドリーム館へ。
クラゲは自分が生きていることを知らなくて、
気づいたら生きていたから
とりあえずフワフワしているのだそう。
そんな話を聞くと、気持ちが軽くなりますよね。

山形

#サク旅山形 #世界一のクラゲを見に行く旅

Hachu's Travel story

山形

　小学生のときの朝礼で校長先生が「見ようとしなければ見えない、聞こうとしなければ聞こえない」という話をしていました。そこに「知ろうとしなければ知れない」を勝手に付け加えて座右の銘にしているのですが、山形は私にとって「知ろうとしなければ知れない」場所でした。

　この本の制作中に、「まだ行ったことがない」という理由だけで、旅の行き先として選んだ山形でしたが、世界一のクラゲ水族館があると知ったところから、胸が弾み始めました。そこから、ラーメンの消費量が日本一だということ、お米がおいしい、つまり私の大好きなお餅もおいしいこと…etc. 山形を知れば知るほど旅が楽しみになり、最終的には、一度で行ききれないほど行ってみたい場所が増えてしまいました。

　でも、旅行の醍醐味ってそこだと思うんです。昨日まで自分の人生とまったく関係なかった場所が、旅で行ったというだけで、自分にとって特別な場所になりますよね。読めなかった地名が読めるようになり、お気に入りの場所が配置された自分だけの地図が頭の中にできていく。
　知ることは好きになることで、旅をすることは世の中に好きなものを増やすことになるのだと思います。

　アル・ケッチァーノのごはんも、本当においしかったなぁ…。「食べたい」リストに追加したたくさんのお店は、次回への持ち越しとなりました。

ベストシーズン

今回旅する酒田市、鶴岡市がある庄内地方の気候は、年間を通じて風が強く、特に冬は吹雪の日が多くなります。一方、夏は気温が高く、猛暑日となることも。春か秋が旅行しやすいシーズンです。朝晩の寒暖差が激しいので、上着などを持参して調整を。

Yamagata 2days trip

世界一のクラゲに癒され、山形の魅力を味わいつくそう！

世界一のクラゲを見に行く旅

Day 1

12:00頃 庄内空港に到着
↓ 🚗レンタカー

昼ごはん： 念願の「アル・ケッチァーノ」 **A** へ！

空港に着いて、まず向かったのは、『情熱大陸』にも出演した、奥田政行シェフのイタリアンレストラン。木のぬくもりが感じられる店内は、森をイメージしているそうで、やさしい印象。

庄内平野が育む良質な食材と日本海の新鮮な魚介類を用いた料理は、素材本来の味が最大限に引き出されたものばかり。この土地の恵みをいただいているという満足感で、お腹だけでなく、心までいっぱいになります。山形特産のだだちゃ豆も、奥田シェフの手にかかると芸術的な一皿に（**A-2**）。甘いエビとリゾットとの組み合わせは最高でした（メニューは日替わり）。
↓ 🚗レンタカー

観光： いざ、「鶴岡市立加茂水族館」 **B** へ！

「アル・ケッチァーノ」から車を走らせ、日本海に面した岬に建つ白い建物へ。ここ、鶴岡市立加茂水族館、愛称クラゲドリーム館は、クラゲをはじめ、様々な個性溢れる生き物たちの姿を見られる水族館。常時40〜50種と、世界一多くの種類のクラゲを展示する水族館です。

目玉はクラゲたちがいる「クラネタリウム」のコーナー。特に約2000のミズクラゲが浮遊する「クラゲドリームシアター」は圧巻の一言。カメラのシャッターを押す手が止まりません。

アザラシやアシカ、庄内地方に生息する魚が見られるコーナーや、クラゲグッズが集結したショップなど、館内をひととおりまわった後は、レストランコーナーで休憩を。ここではなんと、クラゲ入りのラーメン、アイス、ジュースなどが食べられるのです。おみやげ話のネタにもなるクラゲグルメ、ぜひチャレンジしてみてください。
↓ 🚗レンタカー

サク旅山形　# 世界一のクラゲを見に行く旅

山形

Hachu's Point!

クラゲを楽しむイベントも開催

加茂水族館で人気なのが、お泊りイベント(不定期開催)。クラゲが泳ぐ水槽の前で寝るという、特別な体験ができます。他にも「クラゲと音楽の癒しイベント」などの催しがあるので、公式サイトをチェック。kamo-kurage.jp/

宿泊&夜ごはん：　「**山形湯野浜温泉 亀や**」**C**で夕陽鑑賞

文化10(1813)年創業。2世紀にもわたる歴史を誇る老舗宿。天皇、皇后両陛下、秋篠宮陛下ご夫妻など、皇族の方々もお泊りになられたそう。
ここの一番の魅力は、なんといってもオーシャンビューの部屋から見られる、日本海に沈む夕陽。いつまで見ても飽きることがありませんでした。
夜ごはんは、ダイニングで和洋折衷のコースをいただきました。ここのごはんも庄内の食材がたっぷり。

Day 2

朝ごはん：　「**亀や**」で朝からヘルシーごはん

亀やの朝食は、いろいろな郷土料理が少しずつ食べられるのがうれしい。ごはんは山形の銘柄米、「つや姫」の炊きたてをいただけます。朝、眺める日本海も素晴らしく、気持ちよく1日をスタートできます。

↓ 🚗 レンタカー

昼ごはん：　「**花鳥風月 酒田本店**」**D**でラーメン完食

「酒田ラーメン」の人気店。「花鳥風月ラーメン」(**D-1**)は名物の海老ワンタンのほか、肉ワンタンも味わえてお得感たっぷり。味わい深く、あっさりしたスープは、つい飲み干してしまいました。このお店が発祥の「つけワンタンメン」もおすすめ。

↓ 🚗 レンタカー

観光：　「**土門拳記念館**」**E**で写真鑑賞

昭和を代表する写真家、土門拳氏の全作品7万点を収蔵・保存・展示公開する、日本初の写真専門の美術館。土門氏は作品数が多いため、一度に3つほどのテーマにしぼり、年4～5回の展示替えによって順次作品を公開しています。

↓ 🚗 レンタカー

お買い物：　「**山居倉庫**」**F**でおみやげ購入

明治26(1893)年に建てられた米の保管倉庫。シックで美しい建物と、ケヤキ並木のコントラストがフォトジェニック。また、併設されている観光物産館「酒田夢の倶楽」ではおみやげが買えるほか、ソフトクリームなどの軽食も楽しめます。

15:00頃　**サク旅終了！　帰宅へ**

C-1

C-2

C-3

D-1

D-2

E

F

Yamagata Information

旅メモ

□ 山形県はラーメン消費量が日本一。郷土料理の「冷やしラーメン」も有名です。

□ 日本に十数体しかないと言われる即身仏のうち、6体が酒田市の「海向寺」や、鶴岡市の「注連寺」など庄内地方の5寺院に安置されており、拝観もできます。

#サク旅山形 #世界一のクラゲを見に行く旅

山形

サク旅スポット

A アル・ケッチァーノ

人気店なので、ぜひ事前に予約を。バスを利用する場合、JR鶴岡駅より庄内交通バスで約15分、「アル・ケッチァーノ前」停留所下車、徒歩1～2分。
- 鶴岡市下山添一里塚83
- 0235-78-7230
- 11:30～14:00 (L.O.)、18:00～21:00 (L.O.)
- 月休

B 鶴岡市立加茂水族館（クラゲドリーム館）

水槽の裏側が見られるバックヤードツアーなども開催されています。
- 鶴岡市今泉字大久保657-1
- 0235-33-3036
- 9:00～17:00
- ＊夏休み期間は17:30閉館
- ＊最終入館は閉館30分前まで
- 年中無休

C 山形湯野浜温泉 亀や

ナトリウム・カルシウム塩化物泉のお湯は、傷や疲労の回復に効果あり。当地には、傷を負った亀が浜で休んでいたことから、この温泉が発見されたという伝説が残っており、それが宿名の由来にもなっているのだそう。
- 鶴岡市湯野浜1-5-50
- 0235-75-2301

D 花鳥風月 酒田本店

柑橘の風味がお好きなら「花鳥風月ラーメン」や「海老ワンタンメン」のゆず塩味も、ぜひ。上品なスープとゆずの香りがとっても合います。
- 酒田市東町1-3-19
- 0234-24-8005
- 11:00～20:30 (L.O.20:00)
- ＊1月中旬～2月末は19:00まで
- 年中無休

E 土門拳記念館

美術館建築では世界的に有名な、谷口吉生氏が設計した記念館の建物にも注目を。
- 酒田市飯森山2-13（飯森山公園内）
- 0234-31-0028
- 9:00～17:00
- ＊最終入館は閉館30分前まで
- 12～3月は月休（祝日の場合は翌日休）、年末年始休業、その他臨時休館あり

F 山居倉庫

背後のケヤキ並木は、夏の高温防止のために植えられたもの。自然を使った先人の知恵が生かされたこの倉庫は、今も農業倉庫として使用されています。
- 酒田市山居町1-1-20
- 0234-24-2233（酒田観光物産協会）
- 9:00～18:00（酒田夢の倶楽）
- ＊その他の施設は営業時間が異なる
- 1月1日休業（酒田夢の倶楽）

次に行きたいリスト

今回行けなかったけど

□ ケンちゃんラーメン

酒田に本店がある、山形の人気ラーメン店。メニューは、平打ちで太めのちぢれ麺と油分多めのスープがやみつきになると評判の「中華そば」のみ。スープの味の濃さ、油の量は好みで調整可能。

□ 玉簾の滝

酒田市から車で40分ほど、山形県随一の規模を誇る直瀑。約1200年前に弘法大師が発見し、命名したと言われています。1月中旬～2月上旬の寒さが厳しい季節には、氷瀑が見られます。

□ 銀山温泉　足を延ばして

尾花沢市にある温泉地で、NHK連続テレビ小説『おしん』の舞台として有名。ノスタルジックな街並みが美しく、特に冬には、ガス灯が雪景色を照らし、幻想的な雰囲気が楽しめます。

□ 緑のイスキア

東北初の「真のナポリピッツァ協会」認定店。協会が定める厳しい基準をクリアした、正真正銘のナポリピッツァと、自家栽培野菜を使ったメニューが楽しめます。鶴岡駅から車で約5分。

□ 丸池様

鳥海山の麓にある池で、知る人ぞ知るフォトスポット。鳥海山からの湧水だけでできており、エメラルドブルーに輝く水面がきれい。地元では古くから信仰の対象として大切にされてきたそう。

□ 池田屋　足を延ばして

あんこ餅やごま餅、あべ川餅、納豆餅など、魅惑の餅メニューが充実した、山形市中心部の餅屋。3種類の餅をハーフサイズで食べ比べできる「餅三昧」というメニューもあります。

23

004 サク旅千葉

Theme:
憧れのホテルでこもる親孝行旅

Place:
鴨川

千葉

Point:
鴨川シーワールドで、シャチを見ながら
ごはんを食べるひとときは、
ドバイの海底レストランを疑似体験しているよう。
夜はバリ風のコテージでゆったりと。
千葉にいながら、数か国を旅した気分。

Hachu's Travel story

#リク旅千葉　#憧れのホテルでこもる親孝行旅

千葉

　私たちは、日常の中で大切なことを先延ばししてしまうことに、慣れすぎていると思います。親孝行は、いつか時間ができたときに。一生に一度の思い出は、いつか機会があったら。そんなふうにして先延ばしにした結果、なんとなく常に「親孝行できていないな」とか「なんか人生が面白くないな」なんて、罪悪感や不満を抱えたまま日常を過ごしてしまいます。けれど、親孝行や、一生に一度の体験は、時間がないとできないわけではありません。

　今回の旅の裏テーマは「母との思い出づくり」でした。
　水族館を楽しんで、プールとお風呂のある部屋に泊まって、起きたら贅沢な朝ごはんを食べて…そんな、きっとこの先何年も思い出せるような体験が、東京から約2時間の場所で、たった2日で叶えられました。
　そして、旅のハイライトは宿の夜ごはん。とある映画を観てから「アワビのステーキと伊勢海老が食べたい」とずっと言っていた母に、どちらも食べさせてあげることができたのです。

　鴨川シーワールドでは母が、「こんなふうにお魚を見るのは何年ぶりだろうね」と、昔の思い出話を始めました。私は気に入った魚の前から動かない子どもだったそう。「子どものときも今も一緒。集中したらまわりが見えなくて、頑固」。
　そんな話をされると「いつか子どもができたら、また三世代で来たいなぁ」なんて思ってしまいます。夢を叶えたら、いつもまた新たな夢が湧いてきますね。

ベストシーズン

今回はホテル滞在が中心の旅なので、1年中どの季節でも楽しめます。ラ・松廬のプールは28℃前後に保たれていますが、寒い時期はプールから上がると冷えるので無理のないように。
※1月成人の日連休明け〜2月末はプールの加温を停止

Chiba 2days trip

水族館&リゾートで、非日常空間にひたる週末

憧れのホテルでこもる親孝行旅

Day 1

11:30頃　**安房鴨川に到着**
　↓ 送迎バス（安房鴨川→鴨川シーワールド）

観光：**「鴨川シーワールド」Aでシャチ見物**
「海の世界との出会い」をコンセプトにした水族館テーマパーク。名物のシャチのパフォーマンスは、前7列目まではびしょ濡れになるので、カメラ、スマホは防水ケースに入れていくのがおすすめ。また、その場で購入できるポンチョでのガードが必須です。見どころが多いので、園内のプログラムと季節限定イベントを事前にチェックしてからまわると効率的。
　↓ 徒歩

昼ごはん：**「オーシャン」で海底レストラン気分**
ランチは鴨川シーワールド内のレストラン「オーシャン」（A-3）で。海外の海底レストランのように、水槽の前でシャチを見ながらごはんが食べられます。
　↓ 徒歩

宿泊&
夜ごはん：**「ラ・松廬」Bで贅沢ステイ**
限定5室の最上質のヴィラで、最高のおもてなしが受けられる宿。テーマの違う部屋に担当のバトラーがつき、まるで海外リゾートみたい。滞在中はプールで遊んだり、エステの施術を受けたり、完全にリラックス。夜ごはんは、ホテル内の「個室料亭よしだや」で、地元の食材を使った和食会席。アワビに伊勢海老。贅を尽くした料理は非日常を感じさせてくれます。

Day 2

朝ごはん：**「ラ・松廬」でルームサービス**
一緒に行った母は和食を、私は洋食を選択。テーブルを埋め尽くすごちそうに、朝から大満足！
　↓ 送迎バス（ラ・松廬→安房鴨川）

昼ごはん：**「鮨 笹元」Cで地魚ランチ**
地魚を使ったお寿司が食べられるお店。鴨川産の果物を使った手づくりジュースなどもいただけます。安房鴨川駅から徒歩約5分で立ち寄りやすいのも◎。

13:00頃　**サク旅終了！　帰宅へ**

Chiba Information

#サク旅千葉 #憧れのホテルでこもる親孝行旅

旅マップ

鴨川

千葉

サク旅スポット

A 鴨川シーワールド
海の動物とふれあうタッチプログラムも人気。
📍 鴨川市東町1464-18
📞 04-7093-4803
🕐 営業時間は日によって異なるので公式サイトを確認
💻 www.kamogawa-seaworld.jp/

B 別邸 ラ・松廬
かけ流しの温泉露天風呂やプライベートプール、専用ジャグジーを備えた各ヴィラは、独立した平屋一棟建てで、プライベート感満載。ゆったりとくつろげます。
📍 鴨川市西町1179
📞 04-7093-5855
送迎バスは事前に要予約

C 鮨 笹元
シャリには鴨川で育った「長狭米」を使用。
📍 鴨川市横渚1063-1
📞 04-7093-1455
🕐 11:00〜15:00(L.O.14:15)、17:00〜21:00(L.O.20:30)
火休(祝日の場合振り替えあり)、年数回連休あり

旅メモ

☐ 「鴨川シーワールド」は夜もおすすめ！「ナイトアドベンチャー」(期間限定・予約制)は、夜の海の生き物の様子がわかる人気イベント。

☐ 水槽前で、ゆったりと一夜を過ごせる「大人のナイトステイ」というコースも幻想的。

☐ 「ラ・松廬」の部屋には、スタッフおすすめのレストラン情報があるので参考に。

次に行きたいリスト

今回行けなかったけど

☐ **富鮨**
館山の老舗寿司店。旬の地魚をネタにした「地物すし」が名物。帰りには、同じく館山にある木村ピーナッツの直売店「ピキネ」に寄って、ピーナツソフトクリームを。

☐ **チェルカトローヴァ**
安房鴨川駅から徒歩約10分、地元の人に人気のイタリアン。鴨川でとれた伊勢海老や、鴨川産のかずさ和牛など、房総の食材を使ったお料理をいただくことができます。

005 サク旅東京

Theme:
都会の女になりきる旅

Place:
奥渋谷

東京

Point:
一口に「東京」と言っても
実は街ごとにまったく違う個性が。
今回は、都会のど真ん中・渋谷に
もし住んでみたら…という
小さな憧れを叶えてみる旅。

Hachu's Travel story

東京に住んでいる人で東京出身の人は少ないといいます。私自身も今は都内に住んでいるものの、なんだかいまだに「東京」は幻想で、この場所に所属している感じがあまりしません。東京に対しては、いつも片想いのような気持ちがあるのです。でもそれは、常に新鮮さを感じられるという良い面もあって、街に出るたびに変化が見られ、そのスピードを心地よく感じます。

東京がおもしろいのは、なんとなく「旬」の街があって、それが移り変わるところ。最近、個人的に注目している「奥渋谷」は、渋谷という都会のど真ん中の近くにあるにもかかわらず、しっとりとした落ち着きも感じられる街です。

Airbnbで借りた部屋に荷物はすべて置いてしまって、小さなバッグひとつで近辺を散策し、気になるお店をひとつひとつ眺めていく。そして夜は友人と一緒に、近くでごはんを食べたり、部屋に戻ってみんなで作業したり。すっぴんでパックして、それぞれの美容法もシェア。そんなふうに、都会に住んでいる気分で、まったりする休日もあっていいと思うのです。

朝ごはんのおいしいお店の候補をいくつか見つけておけば、早起きも楽しみになるはず。もちろん、ゆっくり寝たい人は、二度寝の後のブランチでも。

私の頭の中の「できる都会の女」のイメージは「大きな公園の近くに住んで、休日は朝の散歩に行く」というものなのですが、それも今回、無事叶えられました。ぜひ、あなたの「東京に抱く小さな憧れ」を叶える旅にしてください。

ベストシーズン
友達同士のお泊りがメインの旅なので、季節はいつでもOKです。みんなで集まって何かしたいな、と思ったときがベストタイミング。

Tokyo 2days trip

最新スポットに話題のグルメ、東京ガールをきどる2日間

都会の女になりきる旅

Day 1

13:00頃　代々木公園に到着
↓🚶徒歩

昼ごはん：「SHIBUYA CHEESE STAND」❹で、絶品チーズを堪能

奥渋谷でつくっている、できたてのチーズを味わえるお店。そのフレッシュな風味は、他では出会えないおいしさ。ランチではチーズを使ったサンドイッチやピザ、チーズのプレートなどが食べられますが、おすすめは「東京ブッラータ」というチーズ。きんちゃく型のブッラータにナイフをいれると、中から生クリーム状の中身がとろりと飛び出します。ここは、日本で初めてブッラータの製造・商品化に成功したお店なのだとか。

↓🚶徒歩

お買い物：「SHIBUYA PUBLISHING & BOOKSELLERS」❺でブックハンティング

独特のセレクトが光る個性派の本屋。奥渋谷の情報発信の中心とも言えるお店です。ジャンルごとに異なるデザインの本棚や、厳選された雑貨やアクセサリーなどを見ていると、ワクワクしてきます。

↓🚶徒歩

宿泊：「Airbnb」❻で予約したお部屋にチェックイン

今夜泊まるのは、代々木公園近くのマンション。かわいいお部屋にテンションが上がります！　部屋の鍵を受け取って荷物を置いたら、夜の街に繰り出します。

↓🚶徒歩

夜ごはん：「ITEMAE」❼で女子飲みスタート

ここは、奥渋谷にある、隠れ家のような和食店。和牛にウニをのせた一品や、ウニとイクラの炊き込みごはんなど、思わず写真に撮りたくなるメニューがいっぱいです（メニューはランチは日替わり、夜は月替わり＆おすすめ）。目新しさのあるお料理に、話も盛り上がります。若い女性が多く、女子会にも便利。2階はカラオケルームになっていて、23:30まで営業しています。

↓🚶徒歩

#サク旅東京　#都会の女になりきる旅

東京

注目店いっぱいの奥渋谷エリア

奥渋谷とは、渋谷の東急百貨店本店から代々木公園へと続くエリア。"日本一小さな映画館"「UPLINK」や、もんじゃの概念が覆される「おそうざいと煎餅もんじゃさとう」など、話題のお店やスポットが続々できて、目が離せません！

Hachu's Point!

宿泊：「Airbnb」で予約したお部屋に帰宅

Airbnbは、宿泊施設を提供する人と、借りたい人をつなぐマーケットプレイス。普通のホテルとは違って、一般のおうちに泊まるような気分を味わえるのが特徴です。テーマや予算、人数によって、さまざまな部屋が選べます。今回は、作業合宿がテーマなので、みんなで資料などが広げられるような、リビングルームのあるお部屋を選びました。

お菓子も買い込んで、すっかりお泊り会ムード。女子トークも弾んで楽しい夜でした。この部屋は洗濯機もキッチンもついていて、連泊するのにもよさそう。「奥渋谷で都会暮らしを満喫する女の子」を疑似体験できるのは、Airbnbならではの魅力。

Day 2

観光：「代々木公園」❸で朝のお散歩

Airbnbのお部屋をチェックアウトしたら、ぶらぶら歩いて、近くにある代々木公園へ。23区内の都立公園の中で5番目に広く、近隣の人に愛されている公園。雑誌やテレビ撮影などのロケ地としてもよく使われています。

都心とは思えないほど自然あふれる園内は、お散歩に最適。大道芸をしている人や、サイクリング中の人、芝生で寝転ぶ人…etc. 思い思いに過ごす人たちを観察するだけでも、飽きません。週末にはイベントやマーケットも開催されています。

↓🚶徒歩

ブランチ：「PATH」❻で話題のメニューを体験

8:00から開店。朝はモーニングも楽しめる人気ビストロ。生ハムとブッラータがのった「ダッチパンケーキ」は、ぜひとも食べていただきたい絶品メニュー。クリーミーなブッラータと生ハムの脂っ気、そこにかけるメープルシロップの甘い蜜が三位一体になり、言葉では言い尽くしがたいほどのおいしさ！　お昼には行列ができることもあるので、早めの時間に訪れるのがおすすめです。

12:00頃　サク旅終了！　帰宅へ

31

Tokyo Information

- □ まだお腹に余裕があるなら、「PATH」から徒歩数分の距離にある、ポルトガル菓子のお店「ナタ・デ・クリスチアノ」へ。やさしい甘さのエッグタルト(①)が名物。
- □ ついでに東京観光するなら銀座へ。2017年4月にオープンした「GINZA SIX」、6月開店の「銀座ロフト」(②)は、ぜひともまわってほしいお買い物スポット。
- □ 東京駅でおしゃれなおみやげを買うなら、バターサンド専門店「PRESS BUTTER SAND」と向かいの「NEWYORK PERFECT CHEESE」(③)がイチ推し!

① とろとろのクリームが絶品!
おみやげにしてもいいけれど、買い立てをすぐに食べるのも最高。

② 文房具への愛が爆発しそう
大充実の、銀座ロフトの文房具コーナー。何時間でもいられます。

③ 絶対によろこばれる旬顔東京みやげ
軽い食感の焼き菓子と、リッチなバターやチーズの相性が抜群!

サク旅スポット

A SHIBUYA CHEESE STAND
23区内で初めてチーズ製造を始めたお店。テイクアウトや、オンラインショップでの商品の購入も可能。
- 渋谷区神山町5-8
- 03-6407-9806
- 11:30～23:00(L.O.22:00)
- ＊日曜は20:00閉店
- 月休(祝日の場合は翌日休)、年末年始休業あり

B SHIBUYA PUBLISHING & BOOKSELLERS
不定期にトークイベントも開催されるので、ぜひチェックを。話し手と聞き手の距離が近く、アットホームな雰囲気も魅力です。
- 渋谷区神山町17-3
- 03-5465-0588
- 11:00～23:00
- ＊日曜は22:00閉店
- 不定休

C Airbnb　＊今回宿泊した部屋は非公開
Airbnbのサイトやアプリを開いて、泊まりたい場所を入力すると、たくさんの宿泊先が紹介されます。一般の人の自宅内の一部屋もあれば、マンションの一室や、一軒家まるごと貸し切り、ということも。通常のホテルと異なり、鍵の受け渡しなど、チェックイン＆アウトの方法を、直接ホスト(部屋の貸し主)と相談する必要があります。
- www.airbnb.jp/

D ITEMAE
カフェにも見えるおしゃれな店構えですが、本格的な和食が楽しめます。
- 渋谷区神山町10-14
- 03-5738-8245
- 11:30～15:00、18:00～23:30
- ＊カラオケ個室は23:30まで営業
- 日休、年末年始休業あり

E 代々木公園
渋谷や原宿といった繁華街と隣接していながらも、緑が多く、リラックスしたムードが漂う公園。周辺にあるパン屋さんやコーヒースタンドで朝食を買ってきて、公園で食べるのも素敵。
- 渋谷区代々木神園町2-1
- 03-3469-6081
- (代々木公園サービスセンター)
- 常時開園(サービスセンターは営業時間、休業日あり)

F PATH
「ダッチパンケーキ」以外にも、自家製のクロワッサンや、ザクロやトレビスを使った色鮮やかなサラダなど、気になるメニューがいっぱい！
- 渋谷区富ヶ谷1-44-2 A-FLAT 1F
- 03-6407-0011
- 8:00～15:00(L.O.14:00)、18:00～24:00(L.O.23:00)
- ブレックファースト：月・第2、4火休／ディナー：月・第2、4日休

次に行きたいリスト

今回行けなかったけど

□ マーサーカフェ ダンロ
恵比寿駅から徒歩約3分の大人カフェ。店内の中心には大きな暖炉が。やさしくゆらめく炎を見ながらのおしゃべりは、いつもより弾むはず。金、土、祝前日は翌2:00まで営業。

□ VIRON 渋谷店
渋谷駅から徒歩約5分の、フレンチスタイルのパン屋さん。2階のブラッスリー(レストラン)で9～11:00までいただける、ジャム＆蜂蜜を使い放題のモーニングには、常に行列が。

□ MEGAドン・キホーテ渋谷本店
24時間営業、都心エリア最大級のMEGAドン・キホーテ。家庭雑貨や食品も豊富に揃っており、モバイルフードコーナーには「手招きハチ焼き」等のオリジナルメニューも。

□ BUY ME STAND
代官山と渋谷の間にあるサンドイッチ店。豚バラとりんごの「アップルチークス」、ブルーチーズ入りの「ブルーマンデー」など、名前も組み合わせも楽しいサンドイッチが食べられます。

□ 代官山 T-SITE
代官山駅から徒歩約5分。蔦屋書店を中心に、レストランやショップが連なるカルチャーの発信地。併設のスタバでコーヒーを飲みながら本を選べます。蔦屋書店は翌2:00まで営業。

□ 無印良品 渋谷西武
渋谷駅から徒歩約3分。B1～5階まで、たっぷりとしたスペースでゆっくり買い物ができる無印良品。2階の「Cafe&MealMUJI」は、ひとり客も居心地よく過ごすことができ、休憩に最適。

006 サク旅神奈川

Theme:
ご近所であえて1泊する旅

Place:
鎌倉

神奈川

Point:
日帰りできる観光地として人気の鎌倉。
そんな近い場所でも、あえて1泊することで、
街の別の側面を見ることができます。
まるでその土地で暮らしているような、
そんな気分にひたる旅。

#サク旅神奈川 #ご近所であえて1泊する旅

Hachu's Travel story

神奈川

　かつては、鎌倉に賑やかな観光地というイメージを持っていましたが、落ち着けるカフェやていねいなお仕事をするレストランをいくつか知るうちに、今は落ち着いた大人のための街なのだと考えを改めました。
　クリエイティブな職業についている友人の中には、鎌倉と東京の2拠点で生活している人も何人かいますが、都会から一歩離れて、静かに自分と暮らしを掘り下げるのに適した場所なのだと思います。

　そんな友人たちの日々のSNSの投稿を見ながら、「暮らすように旅する鎌倉」は楽しそうだな、とずっと思っていたので、今回の旅は「日帰りできるけどあえて1泊」することに。
　都内から電車で1時間もかからない場所だけど、ホテルをとってゆっくりと回る鎌倉は、時間の流れがまったく違って、脳みそのモードが切り替わるのを感じました。
　朝や夜に海を見たり、市場でお店の人に、野菜の個性を聞きながらゆっくり買い物をしたり。そんなことだけでも胸の奥がはずんで、「今、人生の中のいい部分を味わっているなぁ〜」と思えたんです。

　思う存分空と海を吸い込んで、深呼吸してから帰ってきた東京。見慣れた渋谷の街がいつもとは違って見えて、「よーし、仕事頑張れそう」と思ったりして。
　日帰りできる場所で、まるで住んでいるみたいにふるまう旅、おすすめです！

ベストシーズン

日常を味わう旅なので、通年楽しめるコースですが、夏休み期間や連休などはかなり混み合うので、のんびり過ごしたい方は注意を。春の3〜5月、秋の9〜10月は気候が安定しているので、散歩がしやすいシーズンです。

35

Kanagawa 2days trip

散歩も買い物ものんびりと。
スローペースで旅する鎌倉

ご近所であえて1泊する旅

Day 1

12:00頃　鎌倉に到着
↓ 徒歩

昼ごはん：「ポスト バイ ハニー」**A**で海を見ながらランチ

店舗の半分がデッキテラスという開放的なつくりのカフェ（風の強い日、雨天は閉鎖）。天気のいい日は、目の前にどこまでも広がる海を見ながら気持ちよく食事が楽しめます。地元で採れた新鮮な魚介類や鎌倉野菜を使用。レインボートーストは、写真に撮りたくなること請け合いのメニューです。時間の流れがゆったりしていて、平日に行っても、休日の午後のような気分になれます。

↓ 江ノ電（由比ヶ浜→長谷）

お参り：「長谷寺」**B**でお庭を鑑賞

境内が四季折々の花木に彩られ、「花寺」として親しまれてきた浄土宗のお寺。とくに梅雨の時期のあじさいと、晩秋の紅葉は有名。鎌倉の海と街並みが一望できる見晴台もあります。

↓ 江ノ電（長谷→鎌倉）

お買い物：「豊島屋 本店」**C**で鳩グッズを発見

鎌倉駅に戻り、東口から続く小町通り商店街をぶらぶら。コロッケやソフトクリームなど食べ歩きを楽しみながら若宮大路に移動し、「鳩サブレー」で有名な豊島屋の本店へ。お菓子はもちろん、レターセット、マグネット、ミラーなどなど、本店限定のかわいい鳩グッズが買えるので、おみやげ探しにぴったりです。

↓ タクシー

夜ごはん：「レストラン ミッシェル ナカジマ」**D**で鎌倉フレンチディナー

ミシュラン掲載の本格フランス料理店。鎌倉やさいをふんだんに使ったフルコースはどれもおいしく、しっかり食べてもお腹にどっしりと残りません。都心に比べ、お値段もリーズナブル。あたたかいおもてなしをゆっくりと味わえます。本格的なフレンチですが、特別な日だけではなく普段のディナーでも行きたくなるお店。

#サク旅神奈川 #ご近所であえて1泊する旅

神奈川

泊まるからこそ体験できる、鎌倉の朝

観光客が少ない鎌倉の朝は、ゆったり過ごすチャンス。散歩して、鎌倉駅近くの喫茶店「カフェ ロンディーノ」で休憩したり、レンバイでの買い物前に「COBAKABA」でヘルシーな朝定食をいただいたり、楽しみ方もいろいろ。

Day 2

お買い物:「鎌倉やさいを求め、レンバイこと「鎌倉市農協連即売所」 **E** に立ち寄り

早起きして、海岸沿いをお散歩した後は、採れたての鎌倉やさいが売っている、地元の市場へ。近隣で育てられた旬の野菜はみずみずしく、味もおいしいと評判！ 西洋野菜やハーブなど、めずらしいおしゃれな品種が売られていることも。ここで野菜を買って帰り、家で料理してみるのも、素敵な体験となります。

↓ JR横須賀線（鎌倉→北鎌倉）

お参り:「浄智寺」 **F** で心もひとやすみ

北鎌倉へ移動して、豊かな自然に囲まれた、臨済宗のお寺へ。鎌倉七福神のひとつ、布袋尊が祀られています。美しい境内は国の史跡にも指定されており、庭に咲く花や深緑の木々に癒やされながら、静寂の時間を過ごすことができます。

↓ 徒歩

昼ごはん:「鉢の木 北鎌倉店」 **G** で精進料理を体験

ミシュランに掲載された精進料理店。おいしくて体にもいいものを少しずつ楽しめます。仏教の思想に基づき、肉類や魚介類などの動物性食材は使わず、出汁にいたるまで植物性の食材にこだわっていねいにつくられた食事に、舌の感覚が敏感になるような気がしました。手間暇のかかったお料理を食べることは自分の体をいたわることでもあるのだと気づかされます。店内は年配の方も多く、落ち着いた雰囲気の中、料理をいただくことができました。

↓ 徒歩

お買い物:「石かわ珈琲」 **H** で厳選のコーヒー豆を購入

静かな住宅地の高台にある、スペシャルティコーヒーと出会える店。お店の棚には、店主の石川さんが世界各地から集め、焙煎したコーヒー豆がずらり。古民家を改装した趣のある店内で、淹れたてのコーヒーを飲むこともできるので、ぜひお気に入りを見つけて、自分へのおみやげに。

14:30頃 サク旅終了！ 帰宅へ

37

Kanagawa Information

旅マップ　鎌倉

旅メモ

- □ 海をバックにした江ノ電の写真を撮りたかったら、鎌倉高校前駅付近(①)で。
  緑の車体に青い海と空のコントラストは、まるでドラマのワンシーンのよう。
- □「豊島屋」の鳩キャラの名は"鳩三郎"。付箋やストラップなども売っています(②)。
- □「長谷寺」のお守りはかわいくて有名。あじさい柄のほかフルーツの形のものも(③)。
- □ 鎌倉パークホテル駐車場で月1回開催される「鎌倉の朝市」や、葉山鐙摺港で
  毎週日曜に開かれる「葉山マーケット日曜朝市」も、地元気分を楽しめる朝市。

① 踏切付近は人気の撮影スポット
外国人観光客がたくさんいて、撮影場所争奪戦になりました。

② 雑貨好きなら見逃せない!
グッズはもちろん、包装紙も鳩柄でとってもキュート。

③ フルーツにもちゃんと意味が!
いちご=15=十分なご利益、スイカ=スイスイ開運だそう。

サク旅スポット

A ポスト バイ ハニー
鎌倉近郊で採れた魚介類や野菜を使い、ヘルシーでボリュームもたっぷりのごはんを提供。10〜6月にはデッキテラスでBBQも楽しめます。
- 鎌倉市材木座5-8-25
- 0467-61-1450
- 8:00〜22:00
（季節によって変更あり）
- 年中無休

B 長谷寺
年中季節の花が見られる長谷寺。公式サイトに花のカレンダーが掲載されているのでチェックを。
- www.hasedera.jp/flower/
- 鎌倉市長谷 3-11-2
- 0467-22-6300
- 3〜9月：8:00〜17:00／
10〜2月：8:00〜16:30

C 豊島屋 本店
明治27（1894）年創業。銘菓「鳩サブレー」のほかに、かわいい鳩の形のらくがん「小鳩豆楽」や、鎌倉石の石段を模したぎゅうひ菓子「きざはし」も人気。
- 鎌倉市小町2-11-19
- 0467-25-0810
- 9:00〜19:00
- 水不定休

D レストラン ミッシェル ナカジマ
みずみずしい鎌倉やさいや湘南等から届く新鮮な魚介類を使った料理は、味だけでなく、盛り付けも素敵。
- 鎌倉市常盤648-4 スカイ鎌倉1-1F
- 0467-32-5478
- 12:00〜15:00（L.O. 14:00）、
18:00〜22:30（L.O. 20:00）
＊土日祝のランチはL.O. 13:30
- 月休、不定休

E 鎌倉市農協連即売所
通称「レンバイ」。新鮮野菜を毎日、農家が直接販売する即売所で、地元の人や観光客のほか、レストランのシェフも利用。品揃えのよい午前の訪問がおすすめ。
- 鎌倉市小町1-13-10
- 0467-44-3851
- 8:00〜日没
- 年末年始休業あり

F 浄智寺
鎌倉時代に創建された、由緒あるお寺。趣のある苔むした石段や、鎌倉では珍しい、中国風の様式の鐘楼門、茅葺屋根の書院、境内の奥にあるやぐら（横穴）など、見どころもいっぱい。
- 鎌倉市山ノ内1402
- 0467-22-3943
- 9:00〜16:30

G 鉢の木 北鎌倉店
口当たりのなめらかな胡麻豆腐が絶品でした！
- 鎌倉市山ノ内350
- 0467-23-3723
- 11:30〜14:30（L.O.）
＊土日祝のランチは11:00〜15:00
（L.O.）、17:00〜19:00（L.O.）
＊夜は予約のみ。前日までに要予約
- 水休

H 石かわ珈琲
コーヒー豆の産地はエチオピア、コスタリカなどさまざま。お店オリジナルのブレンド豆も人気。通信販売も行っているので、お店で見つけたお気に入りの豆を定期的に購入することもできます。
- 鎌倉市山ノ内（明月谷）197-52
- 0467-81-3008
- 11:00〜17:00
- 水・木定休（不定休あり）

次に行きたいリスト

今回行けなかったけど

☐ **和さび**
昭和初期に建てられた日本家屋の中で、お寿司が食べられる隠れ家レストラン。鎌倉駅から徒歩約25分or浄明寺バス停留所から徒歩約2分。

☐ **ミンカ**
鎌倉好きに聞くと必ずおすすめされる古民家カフェ。手づくりプリンが人気。土日は混むので、平日にぜひ。北鎌倉駅から徒歩約4分。

007 サク旅静岡

Theme:
「体の中をキレイに」を叶える旅
Place:
北斎 Enzyme Detox SPA

静岡

Point:
体の中も外もキレイにしたい！
だから断食に興味がある！
でも意志は弱い！ …という葛藤の末に
思いついたのが「体に集中するためだけの旅」。
お金を使って、自分を追い込んできました。

Hachu's Travel story

#サク旅静岡　#「体の中をキレイに」を叶える旅

静岡

　定期的に、まわりに断食をする人が現れて、その効果・効能をうっとりしながら語るので、影響を受けやすい私はすぐに、自分が空腹にめちゃくちゃ弱い生き物だということを忘れ、「そんなに体が変わるのであれば…もしかしてこれが人生を変えるきっかけになるかも」なんて思ってしまうのです。

　でも、家にいると誘惑が多すぎるし、かといって、街に出たとしても空腹を紛わすどころか刺激されるもののほうが多い。そこで、知人にすすめられた「北斎」を予約することにしました。断食中にトリートメントを受けたり、お風呂に入ったり。そんな、時間を埋めるための楽しいアクティビティがあるのなら、空腹のつらさも紛らわせることができるかも、と思って。

　結局、予想どおり空腹はつらく、アクティビティがあっても、なかなか紛らわせられませんでしたが、富士山が見えるすがすがしい空気の中で、ずっとただ空腹と向き合うというのは、なかなかない体験。自分の肉体が、いつもは絶妙なバランスで動いているのだな、と体への感謝を思い出せたし、心臓の音や脈拍など、普段は意識しない部分と対話ができたような気がしました。

　私の場合はひたすら眠くて寝てばかりいましたが、人によっては断食中は集中力が増して、仕事ができるという人も。
　向き・不向きはあるかもしれませんが、ひとつの旅でひとつの目的をやり通すというのも、大人ならではのサク旅の形のように思います。

ベストシーズン

今回の旅は、基本的に断食施設内で過ごすので、季節は問いません。「最近調子が悪いな」とか「体がなんとなく重いな」と感じたときにトライを。

Shizuoka 2days trip

富士山に見守られながら心も体もひたすら浄化!

「体の中をキレイに」を叶える旅

Day 1

13:00頃　新富士に到着
　　　　↓ 送迎車(新富士→北斎)
宿泊：「北斎 Enzyme Detox SPA」Ⓐにチェックイン&デトックス開始!

まずはカウンセリングからスタート。私が今回体験したのは、デトックスに重点を置いた「希プラン」。断食だけでなく、温熱セラピーやトリートメントなども組み合わせ、プログラムをつくってもらいます。
滞在中は食べ物は口にしませんが、北斎特製の酵素ドリンク(A-1)と、おいしい富士山の伏流水はいくら飲んでもOK。酵素ドリンクはしっかり甘いので満足感があります。ベランダに出ると目の前に富士山がそびえ、心まですっきりした気分に。
さっと入浴した後に、「酵素風呂」(A-3)を体験。おが粉のように見えるのは、薬草や野菜などから抽出した酵素原液を混ぜ合わせ、自然発酵させたものなのだそう。中に入るとじんわりと熱が伝わり、大量の汗が!さらに施術ルームでマッサージも受け、どんどん毒素を流します。

Day 2

宿泊：「北斎」の断食2日目スタート

2日目の朝は、富士山の麓にある田貫湖へ、ウォーキングに行ってきました。朝食のかわりに、朝の清々しい空気と、富士山の絶景がごちそうです。北斎に戻ってからは、酵素風呂や、富士山の溶岩を敷き詰めた「溶岩風呂」(A-6)などに入って、しっかり汗を流します。最後にもう一度カウンセリング。断食終了後の食事について指導を受けます。
　　　　↓ 送迎車(北斎→新富士)

13:00頃　サク旅終了!　帰宅へ

＊ただし、帰宅後いきなりいつもの食事をとるのは、NG。1泊2日断食した場合、2日かけて食生活を戻します。その際は肉、魚、卵や、乳製品、油、加工食品などは控え、おかゆと少量の野菜などで体を慣らします。

富士山が近い!

# Shizuoka Information

\# サク旅静岡　\# 「体の中をキレイに」を叶える旅

静岡

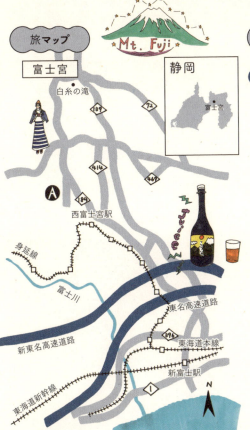

旅マップ

富士宮

静岡

サク旅スポット

A 北斎 Enzyme Detox SPA

🏠 富士宮市青木平517
📞 0120-734-931
酵素断食コースの場合のみ、
新富士〜北斎の送迎サービスあり

酵素断食のコースは、北斎のすべてのメニューを体験できる「希プラン」、断食とエクササイズを組み合わせた「和プラン」、リラクゼーション重視で各種トリートメントを取り入れた「極プラン」の3種類。いずれのコースも、1泊2日〜3泊4日のプログラムが提供されています（それ以上の連泊も可能）。たとえば42ページでご紹介した希プランの1泊2日コースでは、次のようなプログラムが提供されます（個人の体調や目的によって内容は多少変わります）。

【1日目】
カウンセリング
酵素風呂
部分トリートメント60分
溶岩風呂
【2日目】
ウォーキング
カウンセリング
酵素風呂orマグマドーム
（遠赤外線で体を温めるドーム状の機器）
溶岩風呂
アフターカウンセリング

その他、各コースの詳細は公式サイトを参照ください。
🔗 www.hokusai-spa.com/

旅メモ

☐ 「白糸の滝」は国の名勝及び天然記念物に指定されているマイナスイオンスポット。
毎秒1.5トン流れ出ている水のほとんどは、**富士山**の**伏流水**。

☐ 静岡名産といえば日本茶ですが、趣向を変えて「**和紅茶**」もおすすめ。
自然の甘みのある風味は断食後の体にもやさしくしみるはず。**新富士駅で購入可能**。

次に行きたいリスト

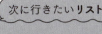
今回行けなかったけど

☐ **炭焼きレストランさわやか**
静岡県民に愛されるハンバーグチェーン店。鉄板で運ばれてくる「げんこつハンバーグ」の飛び散る肉汁を、紙マットで防ぐのが定番。31店ある店舗は、すべて静岡県内。

☐ **サウナしきじ**
静岡駅から車で約15分、サウナ界の聖地と呼ばれる施設。天然水の水風呂やフィンランドサウナ、薬草サウナ、仮眠室や食堂まであり、居心地満点&年中無休24時間営業。

008 サク旅新潟

Theme:
雪の中でアツアツのラーメンを食べる旅

Place:
燕三条

Point:
ただ「ラーメンを食べる」ではなく
どんなシチュエーションでラーメンを
食べるかにこだわってみた旅。
雪の中ならきっと、アツアツのラーメンが
いつもよりさらにおいしく感じるはず。

\# サク旅新潟　\# 雪の中でアツアツのラーメンを食べる旅

Hachu's Travel story

新潟

　この場所に一生に一度しか来ない、と思ってしまったら、1回の旅の負荷が重くなります。人生にたった1回のチャンスなら、あれもしなくちゃ、これもしなくちゃと、どうしても欲張って予定を詰め込みすぎてしまうからです。

　でも、「この場所が好きだったらまた来よう」ぐらいのスタンスで、「また訪れたい場所探し」をしていると思えば、すごく気が軽くなります。テイスティングのような旅というか、その場所をちょっと味見する気分で旅して、もしもすごく気に入ったら、また来たらいいんですよね。

　だから、サク旅は「ちょっとラーメンを食べに新潟へ」という具合に、「ちょっとそこまで」感覚で、計画してみてほしいのです。

　今回の新潟の旅は、温泉旅館や周辺の散策も楽しむけれど、旅のメインは、到着した日と翌日のランチのラーメン。あえて冬に計画します。

　雪の降る中、暖かい店内に入って、ほっとしながらコートを脱ぎ、運ばれてきたアツアツのラーメンの湯気で、こごえた手を温める。そんなふうにして食べるラーメンだからこそ、特別なおいしさを感じられるように思います。

　この旅で、新潟五大ラーメン（「新潟あっさり醤油」「新潟濃厚味噌」「燕三条背脂」「長岡生姜醤油」「三条カレー」）のうち2つを食し、残り3つは次回に。

　いい旅というのは、常に未練が残る旅だと思います。サク旅というのはまた来るための理由を探す旅と言えるかもしれません。

ベストシーズン

冬の新潟を楽しむなら12月〜2月に。新潟というと豪雪地帯のイメージがあるかもしれませんが、今回訪れる燕三条や弥彦は県内でも比較的降雪量が少なく、寒さも北海道ほどは厳しくありません。とはいえ足元などの雪対策は万全に。

Niigata 2days trip

寒い冬だからこそ、ラーメンのおいしさも2割増し

雪の中でアツアツのラーメンを食べる旅

Day 1

11:30頃 燕三条に到着
↓ タクシー（燕三条→正広）

昼ごはん 「大衆食堂 正広」Aでカレーラーメン体験
燕三条で約70年前から愛されてきたカレーラーメン。ここ「正広」のラーメンは、少し甘味のあるカレースープに縮れ麺がからみ、癖になるおいしさ。
↓ タクシー（正広→燕三条）＋ シャトルバス（燕三条→ゆめや）

宿泊 「著莪の里 ゆめや」Dにチェックイン
↓ タクシー

お参り 「彌彦神社」Bでパワーをもらう
万葉集にも詠まれるほど古い歴史を持つ、新潟県屈指のパワースポット。一般的に、お参りは2礼2拍手1礼ですが、彌彦神社の作法は2礼4拍手1礼。
↓ タクシー

おやつ 「ジェラテリア・レガーロ」Cで休憩
お店の脇にいるかわいい羊が人気のジェラート店。ジェラートは15種類ほどあり、数種類を頼んで混ぜながら食べると、味が変わって楽しい。
↓ 徒歩

宿泊＆夜ごはん 「ゆめや」で山菜や魚介料理を味わう
純和風数寄屋造りの佇まいが素敵な、静かな宿。夜ごはんは素材を活かしたお料理ばかりで、栄養が体に満ちていくような気分に。温泉も満喫しました。

Day 2

朝ごはん 「ゆめや」でおいしい朝食を堪能
洋食と和食、どちらかを選ぶことができ、私は和食を選択。お魚や卵料理に大満足でした。
↓ シャトルバス（ゆめや→燕三条）

昼ごはん 「龍華亭」Eで背脂ラーメンに挑戦
新潟五大ラーメンのひとつ、「燕三条背脂ラーメン」の人気店。頼んだのは、チャーハンと、名物「玉ねぎ中華」。刻んだ玉ねぎと背脂が入ったスープは、濃い味なのに飲み干せそうな中毒性がありました。

14:00頃 サク旅終了！ 帰宅へ

Nigata Information

#サク旅新潟 #雪の中でアツアツのラーメンを食べる旅

新潟

旅マップ
燕三条

弥彦

サク旅スポット

A 大衆食堂 正広
🏠 三条市石上2-13-38
☎ 0256-31-4103
🕐 11:00～14:30、17:00～21:00
＊スープがなくなり次第終了、火はランチのみ、日祝のランチは15:00(L.O.14:30)まで
📍 月休(祝日の場合は営業)

B 彌彦神社
🏠 西蒲原郡弥彦村弥彦2887-2
☎ 0256-94-2001
🕐 終日参拝可能（宝物殿は9:00～16:00）

C ジェラテリア・レガーロ
🏠 新潟市西蒲区橋本240-7
☎ 0256-82-0455
🕐 10:00～17:00
📍 11～12月火休／1～10月不定休

D 著莪の里 ゆめや
🏠 新潟市西蒲区岩室温泉905-1
☎ 0256-82-5151
燕三条との間を1日1往復する無料シャトルバスあり（3日前までに要予約）

E 龍華亭
🏠 三条市須頃1-22
☎ 0256-33-9381
🕐 11:15～14:00、17:15～20:30
＊麺がなくなり次第終了
📍 月休(祝日の場合は翌日)

旅メモ

□ **亀田製菓本社**がある新潟。新潟限定の「**サラダホープ**」は隠れたロングセラーです。上越新幹線では食べきりサイズの「**上越新幹線限定オリジナルパック**」も販売。

□ カチカチになった鮭を薄く切り、食べる前に日本酒に浸して食べる「**酒びたし**」は、この地方にしかない珍味。こちらも**上越新幹線車内**で購入できます。

次に行きたいリスト

□ **寺泊魚の市場通り**
日本海に面した国道402号線沿いにある、通称「魚のアメ横」。新潟でとれた新鮮な魚をはじめ、全国の海産物が集結。名物の浜焼きを食べながら買い物したい！

□ **みかづき**
ご当地グルメ「イタリアン」が名物のお店。太麺のソース焼きそばにトマトソースをかけ、しょうがを添えたイタリアンは、新潟ではおなじみの味。新潟各地に支店あり。

47

009 サク旅長野

Theme:
「温泉に入る猿」を見に行く旅

Place:
地獄谷野猿公苑

Point:
外国人にも大人気の、地獄谷野猿公苑。雪の中で温泉に入っている猿を見ていると、「毎日自分にとって気持ちいいことを淡々と繰り返して生きていればいいんだな」と、頭が少しほぐれます。

#サク旅長野 #「温泉に入る猿」を見に行く旅

Hachu's Travel story

長野

　「雪景色の中で温泉に入る猿」の写真は、小さい頃から図鑑やテレビで見たことがあり、とても日本的な風景だ、という印象を持っていました。
　けれど、考えてみれば、どこで見られるかも知らないし、生で見たことなんてもちろんない。私と同じように「そういえば、あれってどこなの？」と思った方は多いのではないでしょうか。今回はそんな「見たことあるけど、生で見たことはない」をこの目で確認しに行く旅です。

　この「温泉に入った猿」、通称スノーモンキーは、実は世界広しと言えどもこの「地獄谷野猿公苑」でしか見られない光景で、この猿を見るために、世界中から観光客が訪れているそう。そんなにも貴重なものが、サクっと行ける距離にあるのなら、行かないのはもったいないですよね。

　温泉で自由にふるまう猿を見ていると、自分の普段いる場所の狭さを感じます。いつのまにか人生に対して、「こうあるべき」と勝手に設けたルールに縛られていることにも、はっと気づかされたりして、頭も心もほぐれた気がしました。赤ちゃん猿が目の前でたわむれているのも、なんだか心が癒されます。

　これまで長野旅行といえば、スキーや軽井沢観光くらいしか思い浮かびませんでしたが、自分が知らないだけで、誰かの「人生で一度は見たいもの」がこんなに近い場所にあるんだということに気づかされた1泊2日でした。

ベストシーズン

野猿公苑にいる猿は野生動物。8月後半～秋の時期は、木の実や果実を採りに森に入るため、野猿公苑に現れるのが遅くなったり、早く帰ってしまったりすることもあります。また、温暖な時期はあまり温泉に入らないので、「温泉に入っている様子」を見たいなら冬がおすすめ。ただ、春には赤ちゃん猿が生まれ、夏は子育てする様子が見られることも。

Nagano 2days trip

猿だって入りたくなる、長野の温泉パワーを体感

温泉に猿がいっぱい！

「温泉に入る猿」を見に行く旅

Day 1

12:30頃　飯山に到着
↓ 🚗 レンタカー

昼ごはん　「あたご亭」Ⓐでご当地ポークを味わう
地元で人気の食事処。イチ推しは「飯山豚丼」。丼からはみ出すくらいに乗っているのは、飯山地域の数軒の養豚農家だけで育てている産地銘柄豚、「みゆきポーク」。特製のたれが食欲をそそります。
↓ 🚗 レンタカー

おやつ：「パティスリー・ヒラノ」Ⓑでおやつ購入
地元の大人気パティスリー。飯山の地酒である田中屋酒造店の「水尾」を使った日本酒ケーキなど、ユニークなお菓子も売っています。私が買ったのは、チーズの入ったスフレタイプの生地でチーズクリームを挟んだ「チーどら」。雲を食べているみたいなふわふわ食感で、ドライブのおともに最高でした。
↓ 🚗 レンタカー

観光：「SNOW MONKEY RESORTS INFO & GIFT SHOP」Ⓒで準備万端
野猿公苑専用駐車場に車を停め、1.6kmの遊歩道を歩いて野猿公苑に向かいます。軽装の方はぜひこちらに寄って長靴などのレンタルを。
↓ 👣 徒歩

観光：「地獄谷野猿公苑」Ⓓで猿とご対面！
猿が2〜3匹しかいないかも、と期待値を下げて行ったら、あちらこちらに猿がいて感動！　野性のニホンザルの保護および観察を行っている野猿公園で、動物園とは違い、ありのままの姿の猿を眺めることができます。触ることや餌づけは禁止。
↓ 👣 徒歩

おやつ：「猿座カフェ」Ⓔでひとやすみ
山道を戻って、駐車場近くのカフェでほっと一息。暖かいものが身にしみます。デザートやドリンクのほか、ラーメンなど軽食のメニューもあります。
↓ 🚗 レンタカー

長野

Ha-chu's Point!

猿とのふれあいはルールを守って

地獄谷野猿公苑にいる猿を安全に観察するために、食べ物を見せない、近づきすぎない、セルフィースティックは使用禁止などのルールがあります。公式サイトで事前に確認を。jigokudani-yaenkoen.co.jp/

おやつ：「渋温泉」❻をぶらり散歩

地面を掘ればすぐお湯が出てしまうというくらい、源泉が数多く存在する渋温泉。街中に「外湯」（共同浴場）が9つもあって、渋温泉の旅館宿泊客はなんと無料で使えます。ノスタルジックな街並みも魅力で、路地に入ったり、温泉まんじゅうを買い食いしたり、ぶらぶらするだけで楽しい。

↓🚶 徒歩

宿泊＆夜ごはん：情緒あふれる「金具屋」❻にお泊り

江戸時代の1758年創業の、歴史ある温泉旅館。昭和初期の木造建築が残されており、中でも「斉月楼」「大広間」は、登録有形文化財にも指定された貴重な部屋。宿泊客のための館内ツアーもあります。

ジブリ映画『千と千尋の神隠し』のモデルとなった旅館のひとつと言われ、意匠をこらした建築や、夜、ライトアップした外観など、フォトジェニックな見どころが満載です。

夜ごはんに予約したのは、りんごで育った信州牛のお鍋がメインのコース。あんずや信州サーモン、凍み豆腐…etc. 信州の素材がいっぱい詰まっていて、楽しくいただきました。

また、レトロかわいい「浪漫風呂」❻を始め、3つの大浴場と5つの貸切風呂を楽しめるのも魅力。すべて源泉かけ流しで、館内の蛇口やシャワーから出るお湯もすべて温泉なのだそう。

レトロ…！

Day 2

昼ごはん：「六兵衛」❽で幻のそばを体験

飯山に戻って、地元の食材を使用した料理や、郷土料理が楽しめるお店へ。おすすめは、飯山名物の「笹寿司」と「富倉そば」。富倉そばは、つなぎに小麦粉ではなく、「雄山火口」というヤマゴボウの一種の繊維を使っている、珍しいおそば。しっかりとしたコシと、のどごしのよさが特徴で、とってもおいしい！ この富倉そばが食べられるお店は少なく、「幻のそば」とも言われているのだとか。しっかりと味わいました。

14:00頃　サク旅終了！ 帰宅へ

51

Nagano Information

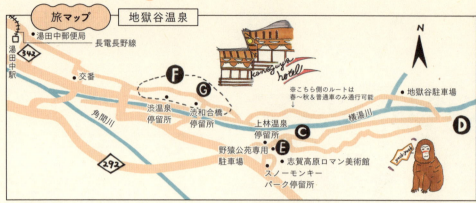

旅マップ　地獄谷温泉

飯山

長野

旅メモ

- □ 春〜秋にかけては渋温泉エリアからのルート、地獄谷駐車場（有料）も利用可能。
- □ 飯山駅で時間があれば、周辺を**サイクリング**するのもたのしい！　飯山駅構内にある、**「信越自然郷アクティビティセンター」**にレンタサイクル（①）があります。
- □ **「地獄谷野猿公苑」**の公式サイトの**「ライブカメラ」**（②）では、1分ごとに更新される現地の写真を見ることができます。jigokudani-yaenkoen.co.jp/
- □ 飯山市内のあちこちで見かける、長野名物**「おやき」**（③）。帰りのおやつに、ぜひ。

①
マウンテンバイクも完備しています
アメリカ発の「ファットバイク」はオフロードや雪上も走れます。

②
猿の様子をチェックして！
猿が温泉にいないこともあるので、事前に確認すると安心。

③
具材ぎっしりがうれしい！
切り干し大根や野沢菜などいろいろな具材が。素朴なおいしさです。

サク旅スポット

A いいやま食事処　あたご亭

飼育や飼料にこだわって育てられたみゆきポークは、肉質がやわらかく、脂も甘味があるのが特徴。卵が乗った「とろとろ卵の飯山豚丼」もあります。
- 飯山市飯山3052
- 0269-67-0298
- 11:30～14:00、17:30～22:00(L.O.21:00)
- ＊金、土、祝前日は24:00閉店(L.O.23:30)　不定休

B パティスリー・ヒラノ

開店時間から地元のお客さんで賑わう人気店。併設のカフェではイートインもできます。焼き菓子も豊富で、バラで買うことができるので、いろいろなお菓子を食べられます。
- 飯山市中央橋通り2228
- 0269-62-2316
- 9:30～18:30(L.O.17:00)
- 水休、年末年始休業あり

C SNOW MONKEY RESORTS INFO & GIFT SHOP

周辺観光地域の案内や、おみやげグッズの販売、防寒具や長靴の貸出サービスなどを行う複合施設。野猿公苑までは山道を歩くので、軽装の場合、ここで装備を整えるのがおすすめ。
- 下高井郡山ノ内町平穏上林1382
- 0269-38-1739
- 9:00～17:00
- 不定休

D 地獄谷野猿公苑

地獄谷駐車場からのルートは比較的近くまで車で行くことができますが、冬季は道が閉鎖するので、野猿公苑専用駐車場からアクセスしましょう。
- 下高井郡山ノ内町大字平穏6845
- 0269-33-4379
- 4～10月：8:30頃～17:00頃／11～3月：9:00頃～16:00頃
- 年中無休

E 猿座カフェ

英語表記がしっかりしており、海外からの観光客も多く立ち寄るカフェ。山道を歩いて疲れた体を休めるのにぴったり。暖かい季節はテラス席も気持ちいいです。Wi-Fiも使用可能。
- 下高井郡山ノ内町平穏上林1421-1
- 0269-38-1736
- 9:30～17:00
- 不定休

F 渋温泉

渋温泉の旅館の宿泊客は、9つある外湯の鍵を無料で貸してもらえ、湯めぐりを楽しめます(6:00～22:00)。また、宿泊客以外も、「9番湯大湯」を500円で利用できます(10:00～16:00)。入浴券は渋温泉旅館組合事務所または渋温泉駐車場で、購入可能。
- 下高井郡山ノ内町平穏
- 0269-33-2921
- (渋温泉旅館組合)

G 金具屋

4つの自家専用源泉を持っているのも、金具屋の魅力のひとつ。宿泊客限定で、源泉の見学ツアーも開催されています。3つある大浴場はそれぞれ泉質が違うので、実際に入り比べてみるのも、おもしろいです。
- 下高井郡山ノ内町平穏2202
- 0269-33-3131

H 六兵衛

季節限定の「ランチ御膳」は、地元の季節の食材を使った郷土料理が少しずつ食べられる、お得なセット。その土地の味覚を味わうことで、旅の思い出が、さらに深く心に刻まれるはず。
- 飯山市南町32-5
- 0269-62-4359
- 11:30～14:00、17:00～21:30
- 不定休、年末年始休業あり

次に行きたいリスト

今回行けなかったけど

☐ **ケーキブティック ピータース**
「日本三大ケーキのまち」のひとつ、佐久市の中でも評判の店。広いイートインスペースがあり、ケーキはもちろん、軽食やパフェも食べられます。

☐ **ヴィラデスト ガーデンファームアンドワイナリー**
エッセイストの玉村豊男さんがオーナーのワイナリー。併設のカフェで自家製ワインや食事を楽しめます。土・日・祝にはワイナリーツアーも開催。

010 サク旅石川

Theme:
「アート」に楽しく触れてみる旅

Place:
金沢21世紀美術館

Point:
ずっと行ってみたかった話題の美術館を
ゆっくりと訪れて遊びつくし、
アート欲を満たしたら、
歴史を感じる街並みや、地元のグルメなど
金沢の名物も堪能します。

Hachu's Travel story

石川

　美術館と聞くと、普段アートに無頓着な私にとっては、ハードルが高く思えてしまうけれど、アートを鑑賞するというよりは体験する気持ちでのぞむと、頭の中の知識だけでなく、体全体でアートを感じられる気がします。

　昔ある人に「アートってどうやって楽しむんですか？」と聞いたときに、「背景や作家を知識として知ることよりも、ただ目の前のアートを見つめて、自分の感じることに目を向けるのがいい」と言ってもらえたのを、頭の隅に置いて。

　金沢21世紀美術館は、友人のインスタグラムなどでたびたび見かけて、行くのを楽しみにしていた場所でした。自分がアートの一部になれる作品が多いここは、まだまだ自分なりのアートの楽しみ方を確立していない人にとっても、親しみやすい場所かもしれません。

　金沢のもうひとつの魅力は、なんといってもグルメ。夜ごはんは、高倉健さんも通ったという「ひよこ」というステーキ屋さんへ行ってみました。
　小さな、カウンター席だけのこのお店で提供されるのは、大きなお皿に入ったステーキとサラダのみ。それに1万円近くを払うのは、ちょっと緊張したけれど、旅先だからこそ、思い切れたのかもしれません。柔らかく、それでいて弾力のあるお肉は、食べに来たかいがあったとしみじみ思える味でした。
　そしてホテルへの帰路では、次回は「食」をテーマにした石川の旅を組み立てたいなぁと、思いをめぐらしていたのでした。

ベストシーズン

金沢は、比較的温和な気候ですが、日照時間が少ない12月〜2月は、防寒対策をしっかりしていきましょう。春先や晩秋は朝晩が冷え込むので、温度調節しやすい服装で。冬季は寒さは厳しいですが、カニなど冬ならではのグルメが楽しめます。

Ishikawa 2days trip

五感をフル活用して、
アートの世界に飛び込んで

「アート」に楽しく触れてみる旅

Day 1

12:00頃 金沢に到着

見どころが広範囲にわたっているので、金沢を徒歩だけで回るのはちょっと大変。街内のあちこちに設置されたサイクルポートで貸出と返却ができる、レンタサイクルの「まちのり」を利用するのがおすすめ(天候などの理由でサービス休止の場合もあり)。

↓ 🚲 レンタサイクル(金沢駅A→香林坊せせらぎ)

昼ごはん: 「グリルオーツカ」Ⓐ でB級グルメを

金沢カレーと並んでB級グルメ界で有名な「ハントン風ライス」発祥のお店。マグロと海老のフライが乗ったオムライスに、タルタルソースがとろり。タルタルソース好きにはたまらない一品。

↓ 🚲 レンタサイクル(香林坊せせらぎ→広坂)

鑑賞: 「金沢21世紀美術館」Ⓑ でアートを体感

「まちに開かれた公園のような美術館」が建築のコンセプト。実際、ガラス張りの美術館は開放感抜群。庭のあちこちにアート作品やオブジェが点在し、触れて楽しむこともできます。
館内は無料で見られる「交流ゾーン」と、展覧会の作品を鑑賞する「展覧会ゾーン」の2つのゾーンに分かれていますが、交流ゾーンだけでも十分アートを満喫できます。一番人気の作品は、プールの中で撮ったような写真が撮れる「スイミング・プール」。プール内部に入るのは有料ですが、上から見るだけなら無料です。ミュージアムショップも個性豊かなグッズが並んでいて、見ごたえがあります。

↓ 👣 徒歩

おやつ: 「つぼみ」Ⓒ で甘いものをチャージ

21世紀美術館近くの甘味処。人気メニューのわらびもちは、ぷるぷるの口当たりに感動します。夏季限定のかき氷は、はらはらとした氷に自分でシロップをかけながら食べるスタイル。どのメニューも奇をてらわず、原点に立ち返るような味。

↓ 👣 徒歩

#サク旅石川 #「アート」に楽しく触れてみる旅

石川

Hachu's Point!

個性的なアートグッズをおみやげに

21世紀美術館のミュージアムショップには、加賀伝統の水引細工を生かしたストラップや、図録サイズのトートバッグなど、魅力的なアート雑貨がたくさん。金沢の隠れた名品、「甘納豆かわむら」の甘納豆も売っています。

D-1 D-2

E

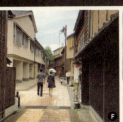

F G

H

鑑賞：「兼六園」Ｄで庭園の美に触れる

水戸の偕楽園、岡山の後楽園とともに、日本三名園のひとつとされる庭園。よく手入れされた広大な庭園は季節ごとに趣が変わり、四季折々の顔を楽しめます。今回は5月だったので、カキツバタが見頃でした。夕暮れ時の景色もとても風情があります。

↓ 🚌 北鉄バス（広坂・21世紀美術館→猿丸神社前）

夜ごはん：「ひよこ」Ｅで最高のお肉体験を

高倉健さんも通ったという、お肉好きの聖地とも呼ばれる名店。メニューは1万円（2018年3月頃から値上げ予定）のヒレステーキのみ。ごはん、デザート一切ナシ。目の前で焼かれるステーキを、サラダを食べながら待つスタイル。ミディアムレアに焼き上げられたお肉は断面が美しく、とにかく柔らかい！　それなりのお値段ですが、「一生に一度のお肉体験」ができます。

Day 2

観光：「ひがし茶屋街」Ｆをぶらぶら

金沢に残る3つの茶屋街の中で、最も規模が大きな茶屋街。歩くだけでも風情を感じられます。食べ歩きは禁止なので、何か食べる際は店内で。

↓ 🚶 徒歩

おやつ：「箔一 東山店」Ｇで朝のおやつ

金箔工芸・箔加工品の大手「箔一」の直営ショップ。北陸新幹線開通記念に発売された「金箔のかがやきソフトクリーム」は国内外の観光客から大人気。

↓ 🚲 レンタサイクル（東山→金沢駅A）

昼ごはん：「もりもり寿し 金沢駅前店」Ｈで最後に駆け込み寿司

新鮮で、金沢ならではの珍しいネタが食べられる回転寿司店。ここではぜひ、のどぐろやホタルイカなど、北陸の味覚を。シャリが食べきれなくなったらお刺身を頼むこともできます。

↓ 🚶 徒歩

お買い物：駅売店でご当地菓子を購入

石川のおやつの定番「ビーバー」は、塩昆布味がやみつきになる揚げあられ。白えび味もおすすめ。

14:00頃　サク旅終了！ 帰宅へ

Ishikawa Information

旅マップ

- □ 「まちのり」の利用方法は公式サイト（①）でチェック。www.machi-nori.jp/
- □ 北陸新幹線の車内販売も見逃せない！　おすすめは北陸新幹線限定の「加賀さつまいもアイスクリーム」と、「ほたるいか素干し」「白えびビーバー」の販売もあり（②）。
- □ 新幹線のホームに売っている「たらの子缶詰」はおつまみ好きへのおみやげに（③）。

①
うまく使えば
1日200円！
30分以内に各ポートに返却し、また借りればずっと200円でOK。

②
ご当地グルメを
新幹線のおともに
しょっぱいものを食べている間に、アイスがちょうどいい固さに。

③
お酒にも
白いごはんにも
甘しょっぱい味付けは日本人好み。レトロなパッケージもかわいい。

サク旅スポット

A グリルオーツカ
昭和32（1957）年創業、地元のお客さんも長年通う老舗洋食店。ハントン風ライスは小盛りまたは大盛りも可能なので調整しやすい。
- 金沢市片町2-9-15
- 076-221-2646
- 平日11:00〜15:30、17:00〜19:50／土・日・祝：11:00〜19:50
- 水休
（祝日の場合は営業、振替休日あり）

B 金沢21世紀美術館
交流ゾーンの開館時間、休館日は公式サイトで確認。
- www.kanazawa21.jp
- 金沢市広坂1-2-1
- 076-220-2800
- 展覧会ゾーン：10:00〜18:00
- ＊金・土は20:00まで
- 展覧会ゾーン：月休（祝日の場合は翌日休）、年末年始休業あり

C つぼみ TSUBOMI
金沢の老舗料亭「杉の井穂濤」が営む甘味処。国産の本蕨や本葛など、こだわりの素材を使って、ていねいにつくられた和スイーツがいただけます。スイーツや飲み物に使用しているのは山の湧き水。
- 金沢市柿木畠3-1
- 076-232-3388
- 11:00〜18:00
- 水休

D 兼六園
定期的に行われるライトアップや雪景色も評判。タイミングをチェックして訪れたい。
- 金沢市丸の内1-1
- 076-234-3800（管理事務所）
- 3月1日〜10月15日：7:00〜18:00／10月16日〜2月末日：8:00〜17:00
- 年中無休
- ＊時雨亭は除く

E ビーフステーキ専門店 ひよこ
ステーキに使うのは、熟成させた黒和牛のヒレ肉。箸で切れそうなほど柔らかいお肉を堪能できます。付け合わせの野菜もおいしいです。8席のみなので、事前予約がおすすめ。
- 金沢市菊川1-34-19
- 076-263-4054
- 16:00〜21:00
- ＊日・祝は13:00〜21:00
- 月休（祝日の場合は営業）

F ひがし茶屋街
石畳の両脇に、格子戸がある町家が並ぶ街並みは、国の重要伝統的建造物群保存地区にも選定されています。金沢駅から少し離れていますがレンタサイクル以外にも、バスでアクセスが可能。北鉄バスまたは西日本JRバスの橋場町バス停留所から徒歩約10分で到着します。
- 金沢市東山
- 076-232-5555（金沢市観光協会）

G 箔一 東山店
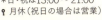
2階のイートインスペースからは、ひがし茶屋町を一望。ゆったりと風景を楽しめます。金箔コーヒーなどのメニューもあり、散策の休憩にぴったり。
- 金沢市東山1-15-4
- 076-253-0891
- 9:00〜18:00
- ＊カフェ営業時間は17:00まで
- 年中無休

H もりもり寿し 金沢駅前店
石川県で人気の回転寿司チェーン。鮮度抜群、旬のご当地食材がリーズナブルな価格で楽しめるとあって、大行列ができることも。時間には余裕を持って訪問を。
- 金沢市堀川新町3-1 金沢フォーラス6F
- 076-265-3510
- 11:00〜23:00（L.O.22:00）
- 不定休（金沢フォーラスに準ずる）

次に行きたいリスト

□ あうん堂
今回行けなかったけど♡
ひがし茶屋街近くの住宅街にある古本屋＆ブックカフェ。コーヒーを頼むと、本を開いた形のかわいいクッキーがお茶うけについてきます。

□ 黒百合
50年以上守られてきた秘伝の出汁で煮込んだおでんが名物。赤巻や梅貝など、金沢独特のおでん種は要チェック。金沢駅構内にあるので帰る前に。

> サク旅
> コラム
> 1

旅のプランの立て方

旅をすると決めたら4つのことを手配します。
まずはメインのアクティビティ。そしてホテル、交通、ごはんの手配。
それをもとにルートを決定！ この5ステップで「憧れ」は予定に変わります。

1 絶対に行きたいところをひとつ決める

旅の目的=「絶対にやること」をひとつ決めましょう。そのアクティビティが確定したら、その場所をGoogle マップで保存。その後、自宅からの交通ルート(飛行機と新幹線どちらが便利か、車は必要か…etc.)を調べて、ひとつひとつ手配していくとスムーズです。

2 宿泊場所と交通機関を手配する

マイレージを使いたいときや格安航空券を見つけた場合は、航空機と宿を別で取りますが、パックのほうがお得なことも多いので、「出張パック」のようなプランをよく活用しています。私の場合は楽天ポイントを貯めているので、楽天のトラベルパックを利用することが多いです。

3 行きたいレストランを予約する

人気の店は、地方であっても予約ナシでは入れないもの。せっかく旅先に着いても、お店がいっぱいでチェーン店に…というのは悲しすぎるので、ごはんの手配は抜かりなく。お店は、メインアクティビティの場所に合わせて、「食べログ」やクチコミを検索して調べています。

4 隙間時間にサブアクティビティを

メインアクティビティとごはんの間＆2日目の出発までに行うサブアクティビティを決めていきます。雰囲気のいいカフェや地元の神社、買い物スポット、その時期に行われているイベントなどを調べ、無理のない程度に予定に組み込めば、現地滞在時間はさらに濃密で思い出深いものに。

5 Google マップにメモする

自宅の所在地を登録して、出発日時を設定すると、自宅から目的地までの交通ルート、所用時間が地図上にパパッと出ます。

行きたい場所をどんどんブックマークして位置関係を把握すると、土地勘のない場所でもサクサクと旅のルートをつくれます。

興味のある場所をひと通り保存してから、所要時間を計算して、移動に無駄や無理のないルートを最終的に完成させます。

西日本編

京都に行って、うなぎパワーで良縁を呼び寄せ、
博多ではもつ鍋→屋台→餃子→ラーメンをはしご。
個性豊かな西日本の街で、一生の記憶に残る2日間を!

011 サク旅三重

Theme:
「お伊勢参り」+αの旅

Place:
伊勢

Point:
お伊勢参りが2回目、3回目でも楽しめる、
お伊勢さんだけをメインにしない旅。
何度も来たい場所だからこそ、
楽しみ方をいろいろみつけて
「また戻ってきたい場所」に。

Hachu's Travel story

　パワースポットという言葉が、実はあまり好きではありません。人の運命は自分の意志と行動で決まっていくと思っているので、「パワースポットに行ったから運気が上がるかも」とは思えないのです。だからパワースポットを最大の目的にした、パワースポットスタンプラリーみたいな旅はしたくありません。

　けれど、その土地の神様に「この土地へのご縁をくださってありがとうございます」とご挨拶はしたい派。そうやって感謝を伝えておけば、また神様が「戻っておいで」とその土地に呼んでくれるような気がしています。

　お伊勢参りは今のところ3回行っていて、毎回なぜか「お伊勢参りに行きたい」という友人に付き添う形で参拝しています。こうやって誰かに誘われるというのも、またご縁。そして行けば行くほど、その土地の新しい魅力に触れられるのがリピーターの特権ですよね。

　1回目は、名古屋からの日帰り訪問だったので、定番の地元名物を制覇。参拝後に柔らかい伊勢うどんと赤福を食べ、お茶をして帰宅。そして2回目は、参拝帰りに松坂まで足を延ばして、松阪牛を食べました。おかげ横丁をほとんど見ずに松阪へ移動したのは、リピーターだからこそできたこと。

　3回目の今回は、伊勢には素晴らしいフレンチがあると聞いたので、フレンチをメインに。組み合わせ次第で「お伊勢参り」も全然趣の違う旅になります。

　4回目に伊勢に行くご縁をもらえたら、次はどんな旅にしようかなぁ…。

ベストシーズン

自然豊かな伊勢神宮。春は梅や桜、初夏は新緑、秋は紅葉、冬は雪景色…etc. 四季折々の美しさがあるので、どのシーズンも楽しめます。連休や正月などはどうしても混雑するので、静かにお参りしたいなら別の時期に。

Mie 2days trip

参拝も、立ち寄りグルメも。
お伊勢参りをフルで満喫！

「お伊勢参り」＋αの旅

Day 1

12:00頃 伊勢市に到着
↓ 徒歩

昼ごはん： 「ボンヴィヴァン」Ⓐで優雅にランチ

伊勢神宮の外宮の参道沿いにあるお店。建物は、逓信省の山田郵便局電話分室として大正12(1923)年に建てられた洋館。伊勢志摩の食材を使ったランチコースは、目にも美しい料理が並びます。おままごとのように、いろいろなものがちょこちょこと盛りつけられている、オードブルの盛り合わせがチャーミング。

↓ 徒歩

お参り： 「伊勢神宮」Ⓑの外宮からお伊勢参りスタート

伊勢神宮は豊受大御神を祀る「外宮」と、天照大御神を祀る「内宮」があり、外宮→内宮の順にお参りします。外宮では火除橋を渡り、手水舎でお清めをしたら、古殿地等を経て、豊受大御神が祀られている正宮へ。その後、別宮をお参りします。

↓ 徒歩

おやつ： 「山村みるくがっこう」Ⓒに立ち寄り

地元で有名な山村乳業直営の乳製品屋さん。学校の売店のような外観や、店頭にあるタイルの流し台がかわいくて、撮影目当てに来るお客さんも。

↓ 徒歩

おやつ： 「ダンデライオン・チョコレート 伊勢外宮前うみやまあひだミュゼ店」Ⓓでひとやすみ

ボン・ヴィヴァンのお隣にある話題のBean to Barチョコレート専門店。ギャラリー＆カフェスペースもあり、チョコを使ったお菓子やドリンクが充実しているので、参拝後の休憩に。

↓ 徒歩

夜ごはん： 「虎丸」Ⓔで伊勢の魚を味わう

古い蔵が立ち並ぶ、河崎地区へ移動。「虎丸」は、築120年の石造りの蔵を改装した居酒屋で、鮮度抜群の魚料理がいただけると評判のお店。三重県の地酒も種類豊富に揃っています。

#サク旅三重 #「お伊勢参り」+αの旅

三重

> **Hachu's Point!**
> 伊勢神宮にはおみくじがない!?
> 江戸時代に「一生に一度行きたい」と謳われた伊勢参り。お参り当日は誰にとっても吉日になるということから、おみくじを引く理由がなかったのだとか。その伝統は受け継がれ、今も、伊勢神宮におみくじはありません。

Day 2

お参り: いざ！ 「伊勢神宮」の内宮へ

外宮と内宮を1日でまわることもできますが、せっかく泊まるなら、気持ちのよい朝にゆっくりと内宮のお参りを。宇治橋を渡って手水舎で心身と口を清めたら、五十鈴川の御手洗場でも手を清めて。御手洗場近くの瀧祭神や、お神札、お守りを授与する内宮神楽殿を経て、いよいよ天照大御神が祀られる内宮へ。その後は荒祭宮などの別宮や、子安神社などのお宮をまわります。
ご神前では深いお辞儀を2回、拍手を2回、最後にもう一度深いお辞儀を1回するのが、作法。

↓徒歩

観光: 「おかげ横丁」**F**で散策&食べ歩き

内宮の入口まで続く「おはらい町」と呼ばれる参道の中ほどにある、「おかげ横丁」。古い町並みが再現された通りには、おみやげ屋さんやごはん屋さんがずらり。食べ歩きや写真撮影、おみやげ探しなど、旅の楽しみが詰まった横丁です。

↓徒歩

おやつ: 「フルーツラボ」**G**でほっと一息

おかげ横丁の中にあるかわいいジュース店、「フルーツラボ」でひとやすみ。店長自らこだわって選び抜いたフルーツを、注文を受けてからジューサーで絞ってくれます。おすすめは、パイン、オレンジ、バナナなど、8種類のフルーツをバランスよく配合した「濃厚ミックスジュース」。牛乳入りの「オーレ」もおいしいです。

↓三重交通バス（神宮会館前→宇治山田駅前）

昼ごはん: 「まんぷく食堂」**H**で
ご当地グルメを味わう

宇治山田ショッピングセンター内にある人気店で、店内には有名人のサインもぎっしり。名物は、たっぷりのからあげを卵でとじた「からあげ丼」。伊勢のソウルフードとして知られ、地元のお客さんで賑わっています。伊勢うどんとセットの定食もあるので、両方食べてみたい方はそちらを。

14:00頃 サク旅終了！ 帰宅へ

Mie Information

旅メモ

- コロッケが人気の「**豚捨**」や、定番の「**赤福本店**」(①)など、内宮の門前は注目のグルメ店がいっぱい。明治10年に建てられた赤福本店の建物は、一見の価値あり。
- おはらい町にある雑貨店「**ichishina内宮前店**」で、松阪牛柄や伊勢海老柄の、**ご当地マスキングテープ**(②)を発見！ おみやげにぴったり。
- 時間の余裕があれば、五十鈴ケ丘駅近くにある「**菊池パール**」(③)で、**真珠のアクセサリーづくり**体験などもしてみても。kikuchipearl.com/trial.html

① 直営店ならではの限定メニューを狙おう
夏季は「赤福氷」が、冬季は「赤福ぜんざい」が食べられます。

② つい買いたくなるご当地感満載の雑貨たち
伊勢神宮の杉や鳥居などをモチーフにした手ぬぐいも、人気商品。

③ 世界にひとつだけのパールアクセ
真珠の珠出し&アクセサリーづくりが体験できます。

サク旅スポット

A フランス料理 ボンヴィヴァン

レトロな建物、アンティークの調度品、細やかなお料理…すべてがかわいいお店です。
- 伊勢市本町20-24
- 0596-26-3131
- 12:00 ～ 15:00(L.O.13:30)、17:30 ～ 22:00(L.O.19:30)
- 月休(祝日の場合は翌日休)
＊定休日前日は昼営業のみ

B 伊勢神宮

「伊勢神宮」は通称で、正式名称は「神宮」です。
- 内宮(皇大神宮)：伊勢市宇治館町1
／外宮(豊受大神宮)：伊勢市豊川町279
- 0596-24-1111(8:30 ～ 16:30)
- 10 ～ 12月：5:00 ～ 17:00
／1 ～ 4月・9月：5:00 ～ 18:00
／5 ～ 8月：5:00 ～ 19:00

C 山村みるくがっこう

ショーケースには懐かしのびん牛乳や、プリン、ヨーグルトなどがずらり。プリンの上にソフトクリームをのせた「プリンソフト」も人気です。
- 伊勢市本町13-6
- 非公開
- 夏季：10:00 ～ 17:30
／冬季：10:00 ～ 17:00
- 年中無休

D ダンデライオン・チョコレート 伊勢外宮前うみやまあひだミュゼ店

サンフランシスコ発祥のBean to Barチョコレート専門店。カカオ豆の買い付けから、焙煎、成形までを自社で行っており、本格的な味を楽しめます。
- 伊勢市本町20-24
- 0596-63-6631
- 10:00 ～ 17:00 (L.O.16:30)
＊季節により異なる
- 不定休

E 虎丸

仕入れにこだわりを持ち、新鮮な魚が入らないと店を開けないこともあるそう。おすすめメニューは早い時間に売りきれてしまうことも。人気店につき、予約は必須です。
- 伊勢市河崎2-13-6
- 0596-22-9198
- 17:00 ～ 22:00(ネタ切れ次第終了)
- 火休、良い魚がない日

F 伊勢内宮前 おかげ横丁

- 伊勢市宇治中之切町52
- 0596-23-8838(おかげ横丁総合案内)
- 3 ～ 7月・10月：9:30 ～ 17:30
／8 ～ 9月：9:30 ～ 18:00
／11 ～ 2月：9:30 ～ 17:00
＊一部飲食店は夜営業あり。お盆、正月などは特別設定。
- 年中無休

G フルーツラボ

金属の刃物を一切使わない、低速回転ジューサーを使用。そのため、果物の持つ栄養素を損なうことなく、おいしいジュースができるのだそう。旅先で不足しがちなビタミンをチャージできるのが、うれしい。
- 伊勢市宇治中之切町52
- 0596-23-8830
- 営業時間はおかげ横丁に準ずる
- 年中無休

H まんぷく食堂

喫茶モリの「モリスパ」、キッチンクックの「ドライカレー」、そしてここ、まんぷく食堂の「からあげ丼」は、伊勢の三大ソウルフードと呼ばれています。B級グルメファンは要チェック。
- 伊勢市岩渕2-2-18
- 0596-24-7976
- 11:00 ～ 20:30
- 不定休

次に行きたいリスト

今回行けなかったけど

□ ザ・ひらまつ ホテルズ&リゾーツ 賢島
コンセプトは「滞在するレストラン」。全8室しかなく、大切な人との記念日向け。伊勢の海水を使ったタラソテラピーも受けられます。

□ 1010banchi
松坂駅から徒歩約10分の人気洋菓子店。名物のミルフィーユは、サクサクの食感を保つために注文を受けてからつくられ、賞味期限は1時間！

012 サク旅京都

Theme:
次の恋に備える旅

Place:
京都

京都

Point:
「そうだ 京都、行こう。」という
有名なキャッチコピーは
「サク旅」のコンセプトとも重なります。
お寺もグルメもかわいいカフェも。
サクっと全部入りの、元気になる旅。

Hachu's Travel story

京都

　神事が日常に寄り添い、古いものと新しいものが入り乱れ、独自の文化とプライドを持った都市。それが、私が京都に対して持つイメージです。
　街のあちらこちらで、ふと過去にタイムスリップしたような瞬間が味わえるから、現実がすうっとどこかに流れていって、思考が研ぎ澄まされたりする。
　だから私は、京都に行くとよく歩きます。歩きながら考えると、物理的に前に進んでいることもあって、前向きな思考が生まれる気も。

　恋が終わったとき、思う存分泣いて気持ちを切り替える時間も必要だけれど、ちょっとだけ立ち直ってきたら、次の恋に向けて気合を入れ直すための「何か」がほしくなる。私なら、普段はやらないことをして、気の流れを変えてみます。そのために、どこか遠くに出かけ、良い気を自分の中に取り込むのです。

　失恋からの回復コースを組み立ててみるなら…まずは精をつけるためにうなぎ屋さんへ行き、エネルギー補給。その後、恋愛に強い神社を回って邪気を払い、良い気を自分の中に取り込んで、ブックカフェで気持ちを落ち着かせ、夜は焼肉や中華などパワーのつくものを食べます。翌日もちょっといいランチを食べ、これからの日常を頑張るために、テンションが上がるものをおみやげに買って帰宅！ …そんな1泊2日が過ごせたら、気持ちがちょっとは切り替わるはず。
　そのすっきりとした気持ちを、次の恋のエンジンに変えてください。良い気を持っている人のところには、良い恋がちゃんと寄ってきます！

ベストシーズン

京都市街は盆地のため、夏はとても暑く、冬は非常に冷え込むのが特徴。屋外を散歩しやすいのは春と秋ですが、桜や紅葉のシーズンは観光客で混み合うので、飲食店やホテルの予約は早めが吉。

Kyoto 2days trip

悪縁を絶ち、良縁を祈願し、パワーフードで英気を養って

A B

悪縁切り完了！

C

D-1 D-2

次の恋に備える旅

Day 1

12:00頃 京都に到着
↓ JR奈良線+京阪本線（京都→祇園四条）

昼ごはん：「祇をん う桶や『う』」Ⓐでパワー補給
風情ある祇園の街並みを歩いて、うなぎの専門店へ。杉の桶にうなぎがぎっしり並べられた「う桶」がこの店の名物。桶から、しゃもじで好きなだけごはんとうなぎを取って食べられる形式で、ビジュアルに圧倒されて一気に食欲がわきます。
↓ 徒歩

おやつ：「祇園きな本店」Ⓑでデザートを
「う桶や う」を出てすぐのところにある、きなこアイスの専門店。保存料や着色料を一切使わず、脂肪分も極力抑えてつくられたアイスは、あっさりしていて満腹でも入ってしまいます。
↓ 徒歩

お参り：「安井金比羅宮」Ⓒで悪縁切り
悪い縁を切り、良い縁を結んでくれる場所。ここでチャレンジしたいのが、「縁切り縁結び碑」。ご本殿に参拝後、「形代」と呼ばれるお札に、切りたい縁・結びたい縁などの願い事をマジックで書きます。その形代を持って、願い事を念じながら碑の表から裏へ穴をくぐると悪縁が切れ、次に裏から表へくぐると良縁が結ばれるとか。最後に形代を碑に貼れば、縁切り・縁結びが完了します。
↓ 徒歩

お参り：今度は「八坂神社」Ⓓで縁結び祈願
八坂神社の本殿近くには縁結びの「大国主社」があり、出雲大社と同じ御祭神を祀っていることから縁結びのご利益があると言われているので、ぜひお参りしたい！　また、八坂神社には、通常の占みくじのほかに「恋みくじ」があって、当たると評判。次の恋に向けて、運勢を占ってみては。ハート型のかわいい絵馬にも、ぜひ願い事を書いていきましょう。
↓ 京阪本線（祇園四条→三条）

ブックカフェで心にも元気をチャージ

ここで紹介した「ユニテ」以外にも、京都はブックカフェが充実。壁いっぱいの本棚が圧巻の「Café Bibliotic Hello!」や、おいしいコーヒーと読書を楽しめる「さんさか」など、個性派のお店がずらり。心に響く本と出会えるかも。

京都

おやつ：「ユニテ」**E**でコーヒーブレイク

鴨川沿いを散歩しながら、ブックカフェの「ユニテ」へ。扉を開けると、大きな書棚とコーヒーの香り。本好きが自分だけの秘密にしたいような空間です。小説や絵本、写真集、エッセイなどさまざまなジャンルが並ぶ本棚は、眺めるだけでも楽しい。店内の本は自由に読めて、一部は購入も可能です。併設しているギャラリーでは器や雑貨の販売もしています。自家製のケーキもおいしいので、コーヒーと一緒に、ぜひ。

↓ 徒歩

夜ごはん：京都中華の名店「マダム紅蘭」**F**へ

築90年の町屋をまるごと一軒使ったお店。植物油脂を使い、香辛料もほとんど使わずに仕上げた、日本人好みの四川料理がいただけます。とろとろの東坡肉を、マントウに挟んで「東坡バーガー」にして食べると最高！「東坡バーガー」は持ち帰りも可能です。

Day 2

昼ごはん：「OKU」**G**でおばんざいランチ

老舗旅館・美山荘がプロデュースするカフェ＆バル。町家を改装した店内は、モダンな雰囲気が素敵。ランチ限定の「祇園定食」は、ていねいにつくられたおばんざいが並び、おいしいのはもちろん、器や見た目も美しい京料理が味わえます。

↓ 徒歩

お買い物：「加加阿365祇園店」**H**で自分へのおみやげを

「カカオでつくるヨーロッパ生まれのお菓子『チョコレート』を京都で育てるとしたら…」というユニークなコンセプトのお店。おしゃれで可愛いチョコレートが、若い女性の間で人気です。

お店の看板商品「加加阿365」は、京都の風物詩にちなんだ365種類の「紋」が刻まれたチョコレート。毎日数量限定で、その日だけの紋が入ったチョコレートを販売しています。今日という日の記念に買いたくなる一品。

14:00頃 サク旅終了！ 帰宅へ

Kyoto Information

- 人気の「**出町ふたば**」の**豆大福**。お店に行くと大行列ですが、「**ジェイアール京都伊勢丹**」地下1階なら比較的並ばず入手できます。月・水(第4水以外)・金・土・日に入荷。
- 京都を走る**ヤサカタクシー**は、約1400台あるタクシーのうち4台だけ「**四つ葉のクローバー**」マークのついたタクシーがあり、乗ると幸せになれるとか。
- 京都の老舗パン屋「**志津屋**」の**カスクート**は、フランスパンにハムとチーズを挟んだサンドイッチ。そのシンプルなおいしさに、著名人のファンも多数。
- 「**ユニテ**」の近くでは、毎週金曜&月1回土曜に出版社・ミシマ社が運営する「**ミシマ社の本屋さん**」がオープンしています。本好きの方は、ぜひ。
- 京都観光で便利なのが、地下鉄とバス。**1日乗車券**もあるので上手に活用を。

サク旅スポット

A 祇をん う桶や『う』
名物「う桶」は、3〜5人前が選べます。少人数の場合でも、うな丼や、「う桶弁当」などがあるので安心を。
- 京都市東山区祇園西花見小路四条下ル
- 075-551-9966
- 11:30 〜 14:30(L.O.14:00)、17:00 〜 21:00 (L.O.20:00)
- 月休(祝日の場合は翌日休)

B 祇園きなな本店
大豆の中でも最高級品とされる、丹波黒大豆のきなこを使ったアイスは、豊かな香りとコクが特徴。卵を使っていないので、卵アレルギーの方でもいただくことができます。
- 京都市東山区祇園町南側570-119
- 075-525-8300
- 11:00 〜 19:00(L.O.18:30)
- 不定休

C 安井金比羅宮
毎年9月第四月曜には、使い古したくしやかんざしを供養する「櫛まつり」が開かれることでも有名。美容、美顔、美髪にもご利益があり、美容関係者にも信仰されている神社なのだそう。
- 京都市東山区大路松原上ル下弁天町70
- 075-561-5127
- 終日参拝可能

D 八坂神社
八坂神社の美御前社には、美人の誉れ高い宗像三女神がお祀りされています。その社殿前に湧き出た御神水は「美容水」と呼ばれ、2、3滴取って肌につけると、肌も心も美しく磨かれるとか。新たな良縁に向け、ぜひ参拝を。
- 京都市東山区祇園町北側625
- 075-561-6155
- 終日参拝可能

E ユニテ
繁華街から少し離れたマンションの一室にあるカフェは、隠れ家のような雰囲気。静かな時間が流れます。
- 京都市左京区川端通り二条上がる東入る新先斗町133
- 075-708-7153
- 11:30 〜 19:00(L.O.18:30)
- 水・第3木休
- ＊展示会中は営業する場合もあり

F マダム紅蘭
京野菜をたっぷり使ったあっさり味の中華は、幅広い年代に愛されています。旬の食材を使った季節限定メニューも、このお店の楽しみのひとつ。
- 京都市中京区丸太町通寺町東入北側
- 075-212-8090
- 11:30 〜 14:30(L.O.14:00)、17:00 〜 21:30(L.O.21:00)
- 月休(祝日の場合は翌日休)

G OKU
デザートも大好評で、カフェとしても人気。「抹茶のダクワーズ」など、テイクアウトできるものもあるので、おみやげにしても◎。
- 京都市東山区祇園町南側570-119
- 075-531-4776
- 11:30 〜 14:30(L.O.)、17:00 〜 21:00(L.O.)
- ＊14:30 〜 17:00はカフェ利用可
- 火休

H マールブランシュ 加加阿365 祇園店
「嵐山」「金閣寺」「祇園」といった京都の名所をイメージした30種類のボンボンショコラ「きょうの宙」など、京都ならではの特別感のあるチョコレートがいっぱい！ 大切な人への贈り物にもぴったり。
- 京都市東山区祇園町南側570-150
- 075-551-6060
- 10:00 〜 18:00
- 年中無休

次に行きたいリスト

今回行けなかったけど

□ スターバックス コーヒー 京都二寧坂ヤサカ茶屋店
高台寺近くの、築100年を越える日本家屋を使用した、世界初の「畳のスターバックス」。外国からのお客様にもよろこばれそう。

□ 麺屋 極鶏(ごっけい)
今、京都で一番並ぶラーメン店。看板メニューの「鶏だく」のスープは鶏のいろいろな部位を煮込んでおり、レンゲが沈まないほど濃厚。

013 サク旅大阪

Theme:
友人に会いに行く旅

Place:
大阪

Point:
「友人に会う」ためだけに訪れた大阪。
見どころがありすぎる街だからこそ、
知りつくした友人に頼ってみるとおもしろい。
たこ焼きひとつだって、有名店を検索するより
友人のおすすめを試すほうが楽しいはず。

#サク旅大阪 #友人に会いに行く旅

Hachu's Travel story

大阪

　両親が関西出身で、今も親戚は全員大阪にいることから、大阪は私にとって、とても身近で特別な場所。年に何度かは必ず訪れるし、お気に入りの場所もいくつかあります。けれど、それはつまり、行動範囲が決まっている場所ということでもあります。居心地のいい場所を知っているがゆえに、そこから出ずに冒険しなかったり、「また来るからいいか」という気持ちが湧いて、新しい場所を開拓する気持ちがなくなってしまうんですよね。

　だから、よく知っている場所こそ、自分の思い込みを外すために、友人など誰かのおすすめに乗っかってみるのもいいと思います。いつも行く場所や観光地は全部後回しにして、相手のお気に入りの場所に連れて行ってもらうんです。
　そうすると、その人のそこでの暮らしが疑似体験できる気がします。好きな人の好きなものを好きになってしまうように、知っている人のいる土地って、それだけで好きになってしまうもの。
　逆に案内するほうにとっても、大事な人を案内するという任務を授かることは、住んでいる土地や自分自身を改めて見つめ直す、いいきっかけになります。
　朝ごはんを食べるならこの店、このエリアならあっちの店よりこっち…と自分内ランキングができる頃には、その街をますます好きになっているはず。

　旅の最後に「次はわたしの住む街を案内するね」と約束する頃には、友情もさらに深まっているに違いありません。

ベストシーズン

年間を通して気候が安定している大阪。また、今回の旅は街中が中心で、季節を問わず楽しめるコースなので、近所の友人に会いに行くくらいの感覚で、ふらっと旅に出ましょう。

Osaka 2days trip

ベタな観光スポットは外して、大阪の日常を感じるコース

友人に会いに行く旅

Day 1

12:00頃　**大阪に到着**

↓ 🚇 四つ橋線（西梅田→四ツ橋）

昼ごはん：「**茶酔楼　時ノ葉**」**A**で絶品中華！
女性に人気の中華レストラン。お昼は「麺ランチ」、「点心・お粥ランチ」、「点心・蒸し鶏 海南ライス」等から選べます。インパクト大の担々麺は、見た目ほど辛くはなく、爽快なしびれ感が後を引きます。

↓ 🚶 徒歩

お買い物：「**スタンダードブックストア心斎橋**」**B**で探検気分でショッピング
「本屋ですが、ベストセラーはおいてません」がモットーのユニークな本屋さん。本だけでなく、アート作品、Tシャツ、アクセサリーなどあらゆるものが、まるで発掘されるのを待っているかのように売られていて、気分はまるで宝探し。

↓ 🚇 御堂筋線＋谷町線（心斎橋→梅田→東梅田→中崎町）

観光：「**中崎町**」**C**でのんびりお散歩
梅田にほど近い、レトロな町並みのエリア。井戸が残っていたりして、タイムスリップ気分が味わえます。かわいいカフェや雑貨屋、古着屋がたくさんあり、休日になると若い女性やカップルが散歩を楽しむ姿があちこちに。

↓ 🚶 徒歩

おやつ：「**珈琲舎・書肆/Luft アラビク**」**D**で休憩
昭和4（1929）年にできた長屋を利用した、喫茶＆書店＆ギャラリー。壁中が本棚になっているレトロな空間の中、ゆったりとコーヒーと読書が楽しめます。

↓ 🚇 谷町線（中崎町→東梅田）

夜ごはん：一軒目は「**鉄板神社 北新地店**」**E**
串焼きを鉄板で焼くスタイルのお店。おすすめは「アスパラ豚巻」「海老パン」「フォアグラ」。そして、一口サイズのスイートポテトを鉄板で焼いてバニラアイスをのせた「花火」も、私が必ず頼むメニュー。おまかせコースも人気です。

#サク旅大阪 #友人に会いに行く旅

大阪

Hachu's Point!
インスタに地元を案内してもらっても
旅先で"地元の暮らし"を体験してみたいなら、インスタグラムでその土地在住の人を探してみても、おもしろいです。感覚が合いそうな人を見つけて、行きつけのお店や休日の過ごし方等、参考にさせてもらいましょう。

↓🚶 徒歩

夜ごはん： シメは「じねん 梅田 お初天神店」**F**

せっかくの大阪の夜、もう一軒はしごしたい！ そんなときにぴったりなのが、この「じねん」。回らないお寿司やさんなのにリーズナブルな値段設定がうれしい。うなぎの上にスライスバターがのった「うなぎバター」は必食の一品。シメにぜひ。

Day 2

朝ごはん： 「パンとエスプレッソと 南森町交差点」**G**で待ち合わせ

南森町駅を出てすぐの便利な場所にあるカフェ。窓からは駅前の交差点が見渡せるので、待ち合わせにもぴったり。蜂蜜をとろりとかけて食べるフレンチトーストが名物です。

↓🚶 徒歩

観光： 「天神橋筋商店街」**H**をぶらり歩き

日本一の長さを誇るアーケード商店街。「大阪の暮らし」を体感できます。南北約2.6kmもの距離があり、1丁目の「大賀天神橋薬局」(日・祝は「大阪天満宮」)か、7丁目の「カフェ・ド・タイムリー 天神橋店」(日・祝は「アトリエ・アルション」)で「ぶらり歩き申告札」をもらって、商店街3か所にあるスタンプを押すと、「満歩状」がもらえます。

↓🚶 徒歩

おやつ： 「中村屋」**I**で名物コロッケを買い食い

グルメスポットもたくさんある、天神橋筋商店街。ここは関西の番組で、ダウンタウンの浜田雅功さんが絶賛して以来、大人気のコロッケ店。コロッケはひとつ70円！ 中身はじゃがいもだけとシンプルながら、甘みがあっておいしいです。

昼ごはん： 「カルダモン」**J**でカレーランチ

近年、日本有数のカレー激戦区となった大阪の中でも人気のお店。定番メニューは「和牛の厚切カレー」。和牛肉を柔らかく煮込み、カレーの上に豪快に持ったビジュアルが、食欲を刺激します。

12:30頃 サク旅終了！ 帰宅へ

77

Osaka Information

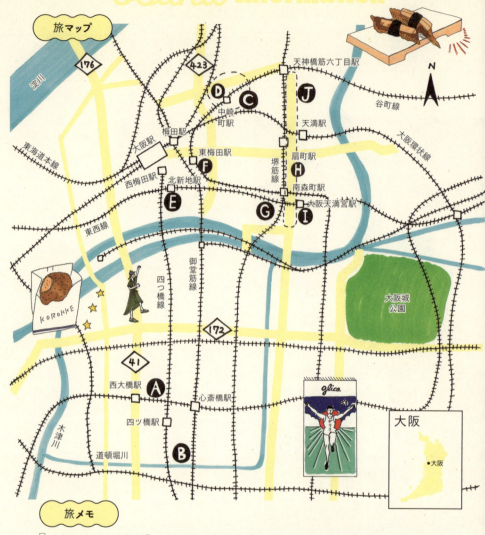

旅マップ

旅メモ

- 大阪の人がよく言う「**キタ**」は梅田（北区）、「**ミナミ**」は道頓堀（中央区）を意味します。これさえ覚えておけばタクシーの運転手さんと会話が通じます。
- 日本橋近くの「**黒門市場**」は、通称"大阪の台所"。魚や青果、肉等の食材が並ぶほか、飲食できるお店が増加し、**食べ歩きスポット**としても人気です。
- 友達とお風呂でゆっくり語り合いたいときや、ひとりの時間がたっぷりあるときは通天閣近くにある温泉施設「**スパワールド**」へ。小旅行気分を味わえます。
- 「**通天閣**」のてっぺん部分のネオンは、翌日の**天気予報**に合わせて色が変わります。晴れは白、くもりはオレンジ、雨は青、雪の日はピンクになるそう。

\# サク旅大阪　\# 友人に会いに行く旅

大阪

サク旅スポット

A 茶酔楼　時ノ葉

シックな店内は茶藝館をイメージしたそう。中国茶も充実。
- 大阪市西区新町 1-21-2 第三中村興産ビル2F
- 06-6532-6001
- 11:30 ～ 16:00（ランチ：L.O.14:30、アフタヌーンティ：L.O.15:00）、18:00 ～ 22:30（L.O.21:00）
- ＊土、日、祝日は12:00開店
- 月休、月1回日曜不定休

C 中崎町

昔ながらの町家を改装したお店が多く、どこか懐かしい雰囲気。アンティークなどが好きな人なら、きっとハマるはず。カメラ女子にも人気のスポットですが、写真NGのお店もあるので、撮影の前に確認を。梅田駅からも徒歩10 ～ 20分程度なので、ちょっと時間が空いたときにぶらっと気軽に立ち寄れます。
- 大阪府大阪市北区中崎町付近

E 鉄板神社 北新地店

どのメニューもおいしいだけでなく、店員さんにイケメン・美女が多いことでも有名。雰囲気も明るく、親しい人を連れて行ってわいわい飲みたくなる店。
- 大阪市北区曽根崎新地1-3-8
- 06-6347-2156
- 17:00 ～ 翌5:00（L.O.4:30）
- ＊日曜日は24:00閉店（L.O.23:30）
- 年中無休

G パンとエスプレッソと 南森町交差点

開店時間が8:00と早いので、早起きの人にもぴったり。こじんまりとしたお店ですが、隣のホテルのロビーとつながっているため解放感があり、気持ちよく朝ごはんが食べられます。
- 大阪市北区南森町1-3-19
- 06-6365-8900
- 8:00 ～ 20:00
- 不定休

I 中村屋

行列していることもあるけれど、進みは早いので待つ価値あり。できたて熱々のお店ですが、やっぱり格別のおいしさ！ コロッケを片手に商店街をぶらぶら散策するのも楽しいものです。
- 大阪市北区天神橋2丁目3-21
- 06-6351-2949
- 9:00 ～ 18:00
- 日・祝休

B スタンダードブックストア心斎橋

併設のカフェには、購入前の本を持ち込むことが可能。じっくり読みながら本選びができます。
- 大阪市中央区西心斎橋2-2-12 クリスタグランドビルBF
- 06-6484-2239
- 11:00 ～ 22:30（L.O. 22:00）
- 年中無休

D 珈琲舎・書肆 /Luft アラビク

女子人気が高いのは、コーヒーにオレンジリキュールとホイップクリーム、こんぺいとうをトッピングした「マリア・テレジア」。自家製のティラミスも評判。
- 大阪市北区中崎3-2-14
- 06-7500-5519
- 13:30 ～ 21:00
- ＊日、祝日は20:00閉店
- 火不定休、水休

F じねん 梅田 お初天神店

産地直送にこだわり仕入れているネタは、鮮度抜群。うなぎバター以外にも、「合鴨カマンベール」や、ぶりの炙りに塩麹をのせた「ぶり小雪ちゃん」など、創意工夫あふれるお寿司がいただけます。
- 大阪市北区曽根崎2-5-24
- 06-6315-1131
- 17:00 ～ 翌4:00
- 年中無休

H 天神橋筋商店街

長い商店街なので、エリアによって最寄り駅が違います。途中でショートカットしたい場合などは、下記を参考に。
天神橋1 ～ 3丁目：谷町線・堺筋線南森町駅、JR東西線大阪天満宮駅／天神橋4丁目：堺筋線扇町駅／天神橋4 ～ 5丁目：JR大阪環状線天満駅／天神橋5 ～ 7丁目：谷町線・堺筋線天神橋筋六丁目駅
- 大阪市北区天神橋1 ～ 7丁目

J カルダモン

王道の欧風カレーで、いつ食べても飽きがこない安心できる味。期間限定カレーも要チェック！
- 大阪市北区天神橋6-5-3
- 06-6358-7223
- 平日：11:30 ～ 14:30、17:30 ～ 20:00（L.O.）／土・日：11:30 ～ 18:00（L.O.）
- 火・祝休

次に行きたいリスト

□ **すみび焼肉 Da-Wa**　＊今回行けなかったけど
福島駅から徒歩約5分の焼肉店。焼肉以外のメニューも充実しており、とくに自家製のフォンドヴォー（フレンチの出汁）を使ったもつ鍋は、ほかでは食べられない味わい。

□ **トリュフ蕎麦 わたなべ**
北新地にある、日本初のトリュフそば専門店。トリュフがふんだんに乗ったおそばを、トリュフ入りのそばつゆにつけて食べるという、贅沢すぎる体験ができます。

014　サク旅兵庫

Theme:
「遠くに海を見に行きたい…」を叶える旅

Place:
淡路島

兵庫

Point:
瀬戸内海最大の島「淡路島」には
日本で初めて創造された島があるという
伝説が残っています。
島全体に漂う解放感に癒されて
新しい一歩を踏み出す旅。

Hachu's Travel story

兵庫

　行ってみれば意外に近かった淡路島。今回は新幹線とバスを使ったけれど、飛行機と高速船を使うルートもあり、それだと羽田から片道約3時間。映画1本半分で到着します。今回は淡路島のあちこちを回るのではなく、ホテルでゆっくりする旅にしたかったので、温泉露天風呂付きのお部屋に宿泊しました。

　チェックイン後はホテル館内をゆっくり散策して、まずは軽くお風呂へ。お部屋の露天風呂からは海原が一望でき、遠くにきたなぁという実感が。
　その後は、ゆっくりと自分との打ち合わせの時間を取りました。持ってきた本に没入したり、たまに気づいたことをノートに書いたり。疲れて目を上げれば、眼前には一面の海と空。その海や空も、時間帯によって色や波模様を変えて、自然はそれ自体がアートなのだと気づかされます。
　マッサージを受けたり、敷地内のグループホテルの温泉へ行ったりと、気持ちのおもむくままに過ごし、食後はまたお部屋の露天風呂へ。昼間に入ったときとは趣を変える海と空が、日ごろの体と心の疲れを芯から取ってくれました。
　海、空、温泉の繰り返し。気持ちがふわりと漂っているような2日間。

　何かつらいことがあったとき、海や空を見たくなるものですが、その雄大さに触れると、小さなことがどうでもよくなるもの。この感覚をちゃんと日常に持って帰りたいな、と思わされました。そして島を出るときには、新しいことがいろいろ始まりそうな予感に包まれていました。

ベストシーズン

1年を通じて温暖で、冬でも積雪がほとんど見られない淡路島。また、ホテルステイがメインの旅行なので、どの季節でも楽しむことができます。

Hyogo 2days trip

海、空、温泉の繰り返しで、ただひたすらリラックス…

目の前すべて…海！

A-1

A-2

A-3

A-4

B

C

D

「遠くに海を見に行きたい…」を叶える旅

Day 1

12:30頃 新神戸に到着
↓ 🚌 本四海峡バス・かけはし号＋ 送迎バス
（新神戸→洲本バスセンター→ホテルニューアワジ）

宿泊＆夜ごはん： 「ホテルニューアワジ」Ⓐにチェックイン
テラスに出ると、目の前は淡路島の大海原！ 部屋にいるだけで、いつも海を感じられます。また、温泉もホテルの名物。部屋付きのお風呂以外に3つの温泉に入れるので、湯めぐりもできます。
私が宿泊した「ヴィラ楽園」は、お部屋に一品ずつディナーが運ばれてくるスタイル。淡路牛や伊勢海老など、ご当地食材づくしのごはんを、部屋でゆったり食べられる…なんて贅沢。

Day 2

朝ごはん： テラスで海を見ながらモーニング
早起きして、部屋付きの露天風呂に入った後は、海を眺めながら朝ごはん。島で採れた卵や野菜を使ったお料理はフレッシュなおいしさでした。
↓ 🚕 タクシー

買い物： 「タワーコーヒー」Ⓑでこだわりのコーヒーを
スペシャルティコーヒーを扱う自家焙煎のコーヒー豆店。作家・湊かなえさんの行きつけ店で、小説の中にもここをモデルにした店が登場します。
↓ 🚕 タクシー＋ 🚌 本四海峡バス・かけはし号
（洲本バスセンター→新神戸）

昼ごはん： 「金寶來 新神戸店」Ⓒで中華ランチ
新神戸駅に隣接するビルの中にある、香港家庭料理をアレンジした中華料理屋さん。ボリュームのあるランチはお得感満載。
↓ 🚶 徒歩

おやつ： 「G線本店・カフェ」Ⓓでティータイム
天然素材の味を生かした洋菓子のお店で、ケーキを食べられるカフェコーナーもあります。オブジェのように愛らしいケーキにうっとり…。

15:00頃 サク旅終了！ 帰宅へ

Hyogo Information

\# サク旅兵庫　\# 「遠くに海を見に行きたい…」を叶える旅

兵庫

旅マップ

サク旅スポット

A　ホテルニューアワジ
ミシュランガイドにも掲載。
🏠 洲本市小路谷20（古茂江海岸）
📞 0799-23-2200
（ヴィラ楽園）洲本バスセンター・洲本ポートターミナルへの送迎バスあり

B　タワーコーヒー
カフェスペースもあり、店で販売している豆のコーヒーを飲むことができます。
🏠 洲本市下加茂1丁目2-21
📞 0799-26-3715
🕙 10:00 ～ 19:00
（カフェ L.O.17:00）
📍 月・火休

C　金寶來 新神戸店
広々とした店内で、開放感が◎。
🏠 神戸市中央区北野町1-1 新神戸オリエンタルアベニュー 3F
📞 050-5890-7709
🕙 11:00 ～ 15:00（L.O.14:30）、17:00 ～ 22:00（L.O.21:00）
📍 年中無休

D　G線本店・カフェ
1952年創業の老舗洋菓子店。「神戸サブレ」や「職人手焼きワッフル」はおみやげにも人気。
🏠 神戸市中央区神若通7-2-7
📞 078-241-1101
🕙 10:00 ～ 19:00
📍 水休、年末年始休業あり

旅メモ

☐ 淡路島のお祭りの出店で長蛇の列ができるのが、「池田商店」のピンス焼き。
　見た目はベビーカステラですが、中が半生状でとろっとした食感が、一味違うと大人気。

☐ 日本書紀でイザナギとイザナミによって最初につくられた島と言われる
　「おのころ島」が淡路島に存在したという伝説があり、島内には「おのころ島神社」も。

次に行きたいリスト

今回行けなかったけど

☐ **絶景露天風呂の宿 銀波荘**　足を延ばして
世界遺産・姫路城から一番近い、海に面した温泉宿。西日本最大級の、絶景パノラマビュー露天風呂「天海の湯」は、海と一体になったような感覚を体験できます。

☐ **SAKURAGUMI**　足を延ばして
赤穂のイタリア料理店。ナポリから直輸入した小麦粉でつくり、大窯を使って焼き上げたピザは本格的な味わい。目の前の港で上がった新鮮な魚介を使ったメニューも必食。

015 サク旅岡山

Theme:
ローカルな遊園地を満喫する旅

Place:
鷲羽山ハイランド

岡山

Point:
ネットで「怖すぎる！」と話題の
アトラクションに乗りに、岡山へ
大人になると旅先の選択肢から外れがちな
「遊園地」をあえてメインにもってきて、
久々の絶叫マシンでストレスを発散する旅。

Hachu's Travel story

岡山

　この旅のメイン、「鷲羽山ハイランド」は、もともとはネットで「こんな恐ろしい場所がある」と話題になっていたことで知りました。そこで注目されていたのは「スカイサイクル」というアトラクション。自転車型の乗り物を自力で漕ぐアナログな乗り物なのですが、山の急斜面に設置されたコースや、錆びついたレールなどが相まって、恐怖感がすごい、という噂でした。

　そのアトラクションに乗るために、単身岡山へ。いい大人が、ひとりで電車を乗り継いで遊園地に出向くというのもなんだか滑稽に思えますが、一度羞恥心を投げ捨ててしまえば、意外と楽しめるもの。むしろひとりだからこそ、誰にも気兼ねせずに、好きなアトラクションに何度も乗れました。
　久しく足が遠ざかっていましたが、大人になってから行く遊園地、案外楽しかったです。「ローカル遊園地めぐり」というのも、大人の趣味としてアリだと思います。最新鋭のアトラクションで恐怖体験をするのもいいけれど、味があるアトラクションに乗るのも、純喫茶を開拓するのに似た楽しみがあります。

　ちなみに今回は、タイミングが合わずあえなく訪問できませんでしたが、岡山市の郊外にある「すし処 ひさ田」は、お寿司好きの間での超有名店。私の中ではいつかは行かねばならない目的地になっています。
　こうやって少し未練を残しておくのも、人生の先に楽しみが残っている感じで楽しいもの。一度集めた情報は、次回に備え、どこかに残しておきましょう。

ベストシーズン

比較的天気や湿度が安定している岡山県ですが、梅雨のときと9月は、集中的に雨が降ることが多いので、注意を。遊園地を楽しむなら、春の3～5月、秋の10～11月がおすすめ。

Okayama 2days trip

"世界一怖い"遊園地＆
岡山名物てんこ盛り！

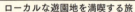

ローカルな遊園地を満喫する旅

Day 1

11:30頃　岡山に到着
↓ 徒歩

昼ごはん：「味司 野村」Ⓐでデミカツ丼を体験

岡山名物「デミカツ丼」発祥のお店。やわらかいカツに濃厚なドミグラスソースがかかった丼は、ボリューム満点。2/3盛りや1/2盛りもあるので、この後にデザートなどを食べたい人はこちらを。

↓ JR瀬戸大橋線＋ 下電バス（岡山→児島→鷲羽山ハイランド遊園地前）

観光：いざ、「鷲羽山ハイランド」Ⓑへ

デニムの街として知られる児島に移動し、「鷲羽山ハイランド」へ。お目当ては、ネットで「世界一怖いアトラクション」と話題になったスカイサイクル。自転車型のライドに乗り、自力で漕いでレール上を進むのですが、山の急斜面につくられているため、ちょっと風が吹くとサイクル全体が揺れる！　カーブの途中で、遠心力で体が外側に押し出されるような恐怖も感じますが、乗車中に見える瀬戸内海の眺めは最高。ほかにも「ウルトラツイスター」などの絶叫系アトラクションがいくつかあり、あまり並ばずにサクッと回れます。

↓ タクシー＋ 下電バス＋ 徒歩（鷲羽山ハイランド→児島→倉敷→美観地区）

観光：「倉敷美観地区」Ⓒをお散歩

倉敷川沿いに白壁の屋敷が並ぶ、岡山を代表する観光地。絵になる場所だらけで、写真好きにはたまりません。カフェや雑貨店、お食事処も充実。

↓ 徒歩

おやつ：「くらしき桃子 倉敷本店」Ⓓで
パフェを堪能

フルーツ王国・岡山の旬の果物を楽しめるお店。1階ではフルーツゼリーなどのおみやげが購入でき、フレッシュジュースやジェラートのテイクアウトも。2階のカフェでは、季節のフルーツを使ったパフェやスイーツを食べられます。

サク旅岡山 # ローカルな遊園地を満喫する旅

岡山

Hachu's Point!

2通りの乗り方が楽しめるジェットコースター

鷲羽山ハイランドの「スタンディングコースター」と「バックンジャー」は、実は同じコース。時間帯によって立ち乗りする「スタンディング〜」と、後ろ向きに進む「バック〜」が入れ替わるしくみ。せっかくなら両方楽しんで！

↓ JR伯備線＋岡山電気軌道清輝橋線（倉敷→岡山→岡山駅前→新西大寺町筋）

夜ごはん：「美魚味」Eで幻の青うなぎを

岡山に戻って希少な天然青うなぎが食べられるお店、「美魚味」へ。青うなぎとは、名前のとおり体が青みがかったうなぎのこと。岡山は有数の生息地ですが、それでも収穫数は少なく、幻のうなぎと言われています。美魚味も、青うなぎが入荷していない日もあるので事前に確認を。青うなぎは肉厚ですが、脂はあっさりしているのが特徴。定番のう重はもちろん、青うなぎの素材の味を楽しめる白焼きも◎。

Day 2

観光：「岡山城」Fも押さえておく

宇喜多秀家が豊臣秀吉の指導を受けて築城し、慶長2(1597)年に完成した城。現在の天守閣は1966年に再建。撮影スポットは、岡山城と後楽園の間を流れる旭川に架かる月見橋。岡山城が川面に映える写真を押さえられます。時間があれば城内見学も。館内のエレベーターで上層まで上がると、かつて城下町として整備された岡山の市街地を一望することができます。

鑑賞：「岡山後楽園」Gで庭園鑑賞

元禄文化を代表する庭園で、国の特別名勝に指定されている後楽園。日本三名園のひとつともいわれています。園内に築かれた「唯心山」は、園内を見渡せる景勝ポイント。その眺めはミシュランの2つ星の評価も得ています(後楽園全体は3つ星)。そのほか、建物の中に水路を通した「流店」や、錦鯉が優雅に泳ぐ「沢の池」など、見どころがいっぱい。

↓ 岡山電気軌道東山線（城下→岡山駅前）

昼ごはん：「lunch&beer SUN」Hでえびめしも制覇

岡山駅の駅ビル1階にあるランチとお酒が楽しめるお店。岡山名物「えびめし」があるので、「帰る前にご当地グルメを食べておきたい！」と思う人にうってつけ。えびめしは、ごはんに海老などの具を入れて炒め、カラメルソースで味をつけたもので、真っ黒な見た目はインパクト大ですが、意外にマイルドな味。

14:00頃　サク旅終了！　帰宅へ

87

Okayama Information

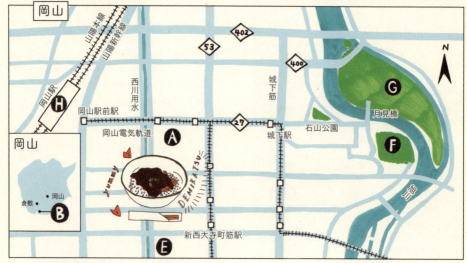

旅メモ

- □ 国産ジーンズの発祥地、児島。児島駅は自動販売機などあちこちがジーンズ柄。
- □ おみやげで人気なのが、瀬戸内レモン味のお菓子。元祖イカ天以外にもバリエーションが増えていて、おすすめはダイコー食品の「れんこん天チップス」。

サク旅スポット

A 味司 野村
創業昭和6年の老舗店。デミカツ丼のソースは、創業以来、引き継がれている秘伝の味。小盛りのデミカツ丼と卵とじのカツ丼が両方食べられるセットもあります。
- 岡山市北区平和町1-10
- 086-222-2234
- 土日祝：11:00～21:00（L.O.）
  ／平日：11:00～14:30（L.O.）、17:30～21:00（L.O.）
- 年末年始休業あり

C 倉敷美観地区
モネの『睡蓮』などの名画を収蔵した「大原美術館」や、重要文化財に指定されている「大橋家住宅」など、見学スポットがあちこちに。蔵や町家を改装したカフェやレストランも多く、古い街並みを体感できます。
- 倉敷市中央阿知2-23-1
- 086-422-0182
  （倉敷物語館 臨時観光案内所）
- 夜間景観照明あり

E 海鮮酒処 美魚味
青うなぎは希少なのでやや高価ですが、旅の思い出に、ぜひ。うなぎ以外にも旬の瀬戸内産の活魚料理や、岡山の味覚、ままかりなどが食べられます。
- 岡山市北区中央町1-2
- 086-232-5411
- 11:30～13:30、16:30～23:30
- 日休
  （月曜祝日の場合は営業、月休）

G 岡山後楽園
総面積は約14万4000㎡で、東京ドームの約3倍も！ボランティアガイドとめぐるのもおすすめ。
- 岡山市北区後楽園1-5
- 086-272-1148
- 3/20～9/30：7:30～18:00
  ＊入園は17:45まで
  10/1～3/19：8:00～17:00
  ＊入園は16:45まで

B ブラジリアンパーク 鷲羽山ハイランド
恐怖体験の印象が強いスカイサイクルですが、何度も乗ると景色を眺める余裕も。バスの本数が少ないので、タクシーも利用するのがおすすめ。
- 倉敷市下津井吹上303-1
- 086-473-5111
- 10:00～17:00
  ＊季節により変動
  ＊夏季ナイターあり
- 年中無休

D くらしき桃子 倉敷本店
2階のカフェには、アール・ヌーヴォーを代表するガラス工芸家、エミール・ガレの作品が展示されています。
- 倉敷市本町4-1（倉敷珈琲館 右隣）
- 086-427-0007
- 月～土：10:00～18:00
  ／日・祝日：9:30～17:30
  ＊11～2月は17:00閉店
  ＊カフェのL.O.は閉店の30分前
- 年中無休

F 岡山城
天守閣の壁に黒漆塗りの下見板を取り付けていたため外観が黒く、カラスの濡れ羽色のように見えることから「烏城」とも呼ばれています。
- 岡山市北区丸の内2-3-1
- 086-225-2096（岡山城事務所）
- 9:00～17:30
  ＊入館は17:00まで
- 12/29～12/31休館

H lunch & beer SUN
えびめしのほかにも、デミカツ丼や岡山の地ビールが楽しめます。駅ナカの立地が魅力で、テレビでも話題の店。昼からビールが飲めるのも、うれしいポイント。
- 岡山市北区駅元町1-1
  サンフェスタ岡山2F
- 086-801-0060
- 11:00～22:30（L.O.21:30）
- 年中無休

次に行きたいリスト

今回行けなかったけど

□ 有鄰庵（ゆうりんあん）
倉敷美観地区の古民家ゲストハウス＆カフェ。「たまごかけごはん」が絶品。倉敷産の卵と岡山産自然栽培のごはんはおかわり自由。

□ 小豆島ラーメン HISHIO 岡山駅前店
岡山駅近くにある、小豆島ラーメンのお店。お店のイチ推しの「醤そば」は、小豆島産の醤油とカタクチイワシを使った、まろやかなラーメン。

016 サク旅香川

Theme:
ひたすらうどんを食べる旅

Place:
高松

香川

Point:
「讃岐うどんのアミューズメントパーク」
と言われるほど、うどん屋さんが多い香川。
県民をつかまえれば、好きな店、
食べ方をとことん語ってくれる。
その県民性も含めて、大好きです!

Hachu's Travel story

香川

「香川県にうどんを食べに行く」——これはいつからか芽生えた小さな野心だったのですが、そのためだけに行くのはもったいない気もして、長い間後回しにしていました。でも、憧れをひとつ達成するために旅をするのが、サク旅のルール。今回、本を出すにあたって、「うどんを食べる旅」、叶えてきました。

行くべきうどん屋を調べていくと…出るわ出るわ。ネット上にあまり情報のないお店も含め、個性豊かなうどん屋さんがずらり。

あれもこれも食べたい、ここも行きたい、と目星をつけているうちに、1回の訪問では回り切れないことがわかり、行く前から2回目の計画も立てる始末。

うどん屋さんは、朝が早い代わりに夜も早く閉まる店が多いので、朝ごはんや昼ごはんに、個性の違ううどん屋さんをめぐる作戦にしました。

夜はあえて香川名物・骨付鶏を出すお店をチョイスし、人気メニューの、おやどりとひなどりの食べ比べに挑戦。おやどりはコリコリとしていて、食べ応え抜群。対してひなどりは、柔らかくジューシー。最初は食べ慣れたひなどりをおいしく感じたものの、おやどり、ひなどりと交互に食べるうちに、それぞれの味のとりこになり、結局甲乙つけがたく感じてしまいました。

翌日は早起きして、朝うどんを堪能し、空港に行く前に、最後の一杯を食べ、うどんに始まりうどんに終わる旅は無事終了。「うどん」という素朴なテーマを掘り下げる旅、2回目、3回目にもチャレンジしたいです。

ベストシーズン

1年中温暖で、晴天の日が多い香川県は、年間を通じて旅行がしやすいエリア。父母ヶ浜海岸で、ウユニ塩湖のような光景の写真を撮りたい場合は、干潮と日の入り時刻が重なる日を狙いましょう。三豊市観光交流局のサイトで、見頃の期間が公開されているので、チェックを。https://www.mitoyo-kanko.com

Kagawa 2days trip

うどんの合間に香川名物も。
ご当地グルメを一気に体験

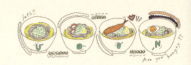

A-1

顔と同じ大きさ！

A-2

B　　C

D　　E

ひたすらうどんを食べる旅

Day 1

11:00頃　高松空港に到着
↓ レンタカー

昼ごはん:　「宝山亭」Aで駆けつけうどん

空港に到着したとたん、うどんが食べたくなる香川県。そんなときにすぐに立ち寄れて便利なのが、空港近くのこのお店。おばけのように大きなおあげが入った「おばけうどん」は、必食の一品。おあげの大きさは、思わず顔を近づけて、サイズ比べした写真を撮りたくなるほどでした。

↓ レンタカー＋徒歩

お参り:　「金刀比羅宮」Bの石段にチャレンジ

愛称は「こんぴらさん」。五穀豊穣・大漁祈願・商売繁盛などさまざまなご利益のある神様として信仰されてきた神社です。本宮まで785段もの階段を登るので、リュックと歩きやすい靴でのぞむべし。

↓ 徒歩

おやつ:　「ナカノヤ琴平」Cでひとやすみ

参道沿いにあるおみやげ屋さん。ここの名物は、ソフトクリームの上に、この地域に伝わる嫁入り菓子「おいり」をトッピングした「おいりソフト」。写真をみんなに見せたくなること間違いなしのかわいさ。

↓ レンタカー

おやつ:　「KAKIGORI CAFE ひむろ」Dでかき氷

父母ヶ浜海岸近くの、年中かき氷が食べられるカフェ。季節の果物を使った期間限定のかき氷がおすすめです。夏は行列必至なので、順番名簿に名前を書き、ビーチで遊びながら待つのが効率的。

↓ 徒歩

観光:　「父母ヶ浜海岸」Eで絶景撮影にトライ

「日本の夕陽百選」にも選ばれたサンセットスポット。干潮と日の入りが重なる日に、無風で水面が波立たないと、南米ボリビアのウユニ塩湖のような鏡張りの光景が見られると、話題になっています。

↓ レンタカー

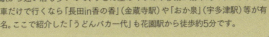

車を使わず、うどんを楽しみたいなら

Hachu's Point!

駅から遠い店も多いので、うどん屋めぐりは車移動が効率的ですが、もし電車だけで行くなら「長田in香の香」(金蔵寺駅)や「おか泉」(宇多津駅)等が有名。ここで紹介した「うどんバカ一代」も花園駅から徒歩約5分です。

香川

夜ごはん: さらなる香川の名物グルメを求めて「骨付鳥 蘭丸」Fへ

高松に戻る頃には、すっかり夜ごはんの時間に。せっかく香川に来たのだから、うどん以外の名物も押さえておきたいもの。骨付きの鶏もも肉を丸ごと焼き上げた「骨付鳥」もまた、香川のご当地グルメです。

香川の中心街、ライオン通り沿いにあるこのお店は、骨付鳥の人気店。ふっくらジューシーなひなどりと、噛みごたえのあるおやどりの2種類があるので、お腹を空かせていって、ぜひ食べ比べをしてみてください。骨付鳥は骨にしっかりとくっついているので、テーブルに備え付けのハサミで、チョキチョキと切って食べるのが流儀。

Day 2

朝ごはん: 「うどんバカ一代」Gでうどんモーニング

朝からおいしい讃岐うどんを食べられるのは、やっぱり香川ならでは。こちらのお店は、高松市街にあってアクセスしやすいうえ、朝の6:00から営業しているのも魅力。朝イチから行列が絶えないことでも有名な人気店です。

おすすめは、名物の「釜玉バターうどん」。ゆでたてのうどんに、バターと卵をよーく混ぜると黄金色に。濃厚なバター風味にあらびきの黒こしょうがきいていて、まるでカルボナーラのような味わい！ 食欲のある方は、カウンターに並ぶ揚げ物をトッピングしても。ただし朝早すぎると、揚げ物がまだ出揃っていないこともあるので注意。

↓ 🚗 レンタカー

昼ごはん: 「かわたうどん」Hでシメうどん

帰るギリギリまでうどんを楽しみたい！ という方は、高松空港近くで人気のこちらの店へ。ここのうどんは手打ちの太麺で、もちもちの食感が楽しめます。うどん待ちの間には、セルフのおでんもぜひ。1本100円で、味噌をつけていただくスタイル。普通と辛口の2種類の味噌が選べます。

13:30頃 サク旅終了！ 帰宅へ

Kagawa Information

旅マップ
高松市街
瀬戸内海
予讃線
高松駅
北浜alley
香川県立ミュージアム
琴電琴平線
173
159
30
片原町駅
160
F
高松市美術館
11
中央公園
琴電志度線
瓦町駅
琴電長尾線
G
鎌田醤油 高松直売所
花園駅

香川
D E
琴平
高松
高松空港
43

高松空港付近
A
大上親水公園
13
香東川
44
193
172
H
45
さぬき空港公園
高松空港

琴平
琴電琴平線
琴電琴平駅
琴平駅
土讃線
207
表参道
C
金刀比羅宮 大門
旧金毘羅大芝居「金丸座」
B
こんぴら狗
琴平公園

旅メモ

- □ **金刀比羅宮**の石段を登り切ったら、境内だけで売っている**加美代飴**(かみよあめ)をごほうびに。
  扇型のべっこう飴で、付属の**ミニハンマー**で割っていただきます。
- □ 高松港近くの「**北浜alley**」は倉庫街をリノベした商業施設で、おしゃれな飲食店や
  雑貨屋さんがいっぱい。個性的な雑貨が集まった「**エレメント**」は必見のお店。
- □ うどんにかけるだけで、ぶっかけうどんが楽しめる「**鎌田のだし醤油**」。
  高松空港等にもありますが、品揃え充実の「**鎌田醤油 高松直売所**」に立ち寄っても。
- □ 空港でも売っている松浦唐立軒の「**讃岐うどん風グミ**」(レモン味)は、
  食感も見た目もうどんそっくり！　ネタにもなるので、友達へのおみやげに。
- □ 高松空港内「**空の駅かがわ**」の一角には、なんとうどんだしが出る蛇口が！

サク旅スポット

A 宝山亭

おばけうどんのほか、「どじょううどん」もこのお店の名物。注文してから約25分かかるけれど、野菜とどじょうを味噌で煮込んだうどんは、ほかではなかなか食べられない味。
- 高松市香南町横井1015-2
- 087-879-4681
- 11:00〜19:00
- 月休

B 金刀比羅宮

石段を登る際はおみやげ屋さんで杖を借りると、少し楽に。本宮まで登れたら、ここでしか買えない「幸福の黄色いお守り」を手に入れて。
- 仲多度郡琴平町892-1
- 0877-75-2121（社務所）
- 4〜9月：6:00〜18:00 / 10〜3月：6:00〜17:00

C ナカノヤ琴平

「おいり」は、西讃岐地域に伝わる餅菓子で、おめでたい「お入りもの」（お煎り）として、結婚式の引き出物に使われてきたそう。ソフトクリームはしょうゆ味か和三盆味から選べます。
- 仲多度郡琴平町796番地
- 0877-75-0001
- 8:30〜18:00
- 年中無休

D KAKIGORI CAFE ひむろ

自家製シロップには、地元産の果物を使用。春は生いちご、夏はすいかや桃、秋は梨や栗、冬はみかん…などなど、旬の味を楽しめます。ふわっとした口どけの氷もおいしさのポイント。
- 三豊市仁尾町仁尾乙202
- 0875-82-2101
- 11:00〜18:00
- 月・火休

E 父母ヶ浜海岸

「ウユニ風」の写真を撮るなら、日の入り前後、約30分間のマジックアワーがチャンス。浜辺に現れる大きな潮だまりが、鏡のように夕陽や人のシルエットを映し出す様子を撮影しましょう。満潮だとウユニ風には撮れませんが、夕陽が沈む光景を楽しめます。
- 三豊市詫間町
- 0875-56-5880（三豊市観光交流局）

F 骨付鳥 蘭丸

いつも地元のお客さんや観光客で賑わう、アットホームな雰囲気の居酒屋。一品料理や四国の地酒も充実しています。日時によっては予約が不可なので、少し早めの時間に行くのがおすすめ。
- 高松市大工町7-4
- 087-821-8405
- 18:00〜翌1:00
- 年中無休

G 手打十段 うどんバカ一代

店内では、持ち帰り用の「おみやげうどん」や、釜玉バターうどん用のだし醤油も販売。通販もできるので、家で思い出の味を再現してみては。だし醤油は鍋料理のたれなど、ほかにも活用できそう。
- 高松市多賀町1-6-7
- 087-862-4705
- 6:00〜18:00（年末年始変更あり）
- 元日定休

H かわたうどん

ベーシックなぶっかけやざる、釜あげから鍋焼きうどんや牛鍋うどんまで、幅広いメニューが楽しめるお店。人気店ですが、店内や駐車場が広いので、入りやすいのがうれしい。
- 高松市香南町岡1358-1
- 087-879-8686
- 10:00〜19:00
- 水休（祝日の場合は営業）

次に行きたいリスト

今回行けなかったけど

□ **鮨舳**（すしとも）
高松市内、瓦町駅近くにあるお寿司屋さん。瀬戸内産のネタを使った正統派の江戸前寿司は、四国一との呼び声も。予約は必須です。

□ **正家**（まさや）
瓦町駅から徒歩約10分のうどん店。数々の名店で修行したご主人が打つ麺は、もっちりとした食感とコシが魅力。具材を自分で盛りつけるセルフ方式。

017 サク旅愛媛

Theme:
ドラマや映画の舞台を見に行く旅

Place:
松山

愛媛

Point:
ジブリ映画『千と千尋の神隠し』に出てくる「油屋」のモデルのひとつとも言われる道後温泉本館、『東京ラブストーリー』に出てくる梅津寺駅など、数々の物語の舞台になってきた松山で、憧れの作品の世界観を満喫してきました。

Hachi's Travel story

#サク旅愛媛　#ドラマや映画の舞台を見に行く旅

愛媛

　ロケ地めぐりをこれまで旅の目的にしたことはなかったのだけれど、やってみると案外と楽しい。作品を見て頭の中に思い描いていたイメージが、目の前に実際に現れてぴたっと一致する瞬間って、架空の登場人物が、本当にその場で生きていたかのような、不思議な感覚を味わえます。

　今回は『千と千尋の神隠し』に出てくる油屋のモデルのひとつと言われている、道後温泉本館をメインに、作品の舞台になった場所やゆかりの土地を訪ねる旅。『東京ラブストーリー』は、もうずいぶん前に見たきりだけど、ロケ地に行くと、「ああ、この場所だった」と頭の中にシーンが思い浮かびました。
　自分が体験したことではないのに、なんだか自分の思い出の場所をまわっている気になってくるのがロケ地めぐりのおもしろさ。人のつくった世界にどっぷりと浸かることは意外と気持ちよくて、自分も何かを誰かに与えられる人になりたいという気持ちが、心の底から湧いてきました。

　途中、松山グルメも楽しみながらいろいろめぐった後は、温泉で体を癒して、夜ごはんを食べ、また温泉に。温泉の中では、ゆっくりと昼間ひたった世界観に思いをめぐらせ、始終、現実と空想がつながって循環しているかのような心地になりました。
　旅館にこもってただひたすら温泉につかるという温泉旅もいいけれど、こんなふうにテーマを決めてまわる、アクティブな温泉旅もおもしろいものです。

ベストシーズン

温暖で、降水量の少ない松山。夏の台風通過や、冬の積雪も比較的少なく、1年を通じて旅行しやすい街です。夏は気温が高くなることが多いので、熱中症対策を万全にして行きましょう。

Ehime 2days trip

作品の世界と現実の世界。
どちらも楽しむ新感覚の旅

ドラマや映画の舞台を見に行く旅

Day 1

12:00頃 松山市に到着
↓ 🚶 徒歩

昼ごはん: ご当地ラーメンを食べに「瓢太」Ⓐへ
松山独特の「甘い」ラーメンが食べられるお店。看板メニューの「中華そば」のスープは、甘いとわかっていても、初めて食べる人にとってはおそらく想像以上に甘い。でも、出汁の味もしっかり出ています。もうひとつの人気メニュー、おでんもぜひ。

↓ 🚶 徒歩

おやつ: 「清まる」Ⓑで謎のとんかつパフェ体験
とんかつパフェというメニューがあることで話題のとんかつ専門店。グラスにとんかつが刺さっている見た目は衝撃的ですが、薄くて駄菓子のようなとんかつは、意外にパフェと合います。

↓ 🚃 伊予鉄道高浜線(松山市→梅津寺)

観光: 「梅津寺駅」で名シーンを再現
ドラマ『東京ラブストーリー』のロケ地で、赤名リカが別れのあいさつにハンカチを結びつけた駅として有名。今でもドラマファンが訪れ、ホームの柵にハンカチを残していきます。

↓ 🚃 伊予鉄道高浜線＋🚌 伊予鉄バス(梅津寺→松山市→松山市駅→天山橋)

鑑賞: 「伊丹十三記念館」Ⓒで人物像に触れる
映画監督の伊丹十三氏の記念館。館長は妻で女優の宮本信子さん。常設展では名前にちなんだ13のコーナーで多彩な仕事ぶりや趣味を紹介しています。

↓ 🚌 伊予鉄バス＋🚃 伊予鉄道市内線(天山橋→松山市駅→松山市駅前→道後温泉)

観光: 「道後温泉本館」Ⓓで『千と千尋』気分
風情ある道後商店街を抜けて、「道後温泉本館」へ。重要文化財に指定されながらも、現役の公衆浴場として活躍している温泉施設で、『千と千尋の神隠し』のほか、夏目漱石の『坊っちゃん』にもここをモデルにした温泉が登場。夜にライトアップした姿は幻想的。

愛媛

Hachu's Point!

愛媛の駅はロケ地の宝庫
梅津寺駅のお隣、高浜駅は映画『真夏の方程式』のロケ地。また、松山から予讃線で約1時間の下灘駅は、かつて「日本一海に近い駅」だったことで有名な絶景駅で、ドラマ『リバース』『HERO 特別篇』などに登場します。

E-1

E-2

↓ 徒歩

宿泊&夜ごはん: 「茶玻瑠」 E でのんびりステイ
宿泊は、若い女性に人気の温泉宿「茶玻瑠」へ。夜ごはんはフレンチの「道後キュイジーヌ」か、和食の「モダン懐石」の2コースがあり、どちらも地元食材を使ったお料理がいただけます。

Day 2

朝ごはん: 「茶玻瑠」でご当地モーニング
ブッフェ式の朝食は、みかんソースがかかったオムレツなど、愛媛らしいメニューが楽しめます。

↓ 伊予鉄道市内線(道後温泉→大街道)

F

G

マスコットキャラのよしあきくん

観光: 「松山城」 F で天守からの眺めを満喫
松山城は、江戸時代以前に建造された天守が残る、数少ない城郭のひとつ。リフトかロープウェー、好きなほうで山頂まで行くことができます。そこから広い城内を見学しながら、天守へ。松山の街や、遠くに瀬戸内海を望む眺めは最高!

↓ 徒歩

観光: 「松山ロープウェー商店街」 G を散策
ロープウェー乗り場から続く商店街。今風のお店と、昔ながらのお店が混在していて見飽きません。

↓ 徒歩

H

I

おやつ: 「港や」 H で和スイーツを買い食い
ロープウェー商店街にある和雑貨店。ここで買える「たまごバター餅」は、ほんのり甘くて後を引くおいしさ。

↓ 徒歩

おやつ: 「えひめ愛顔の観光物産館」 I へ
こちらもロープウェー商店街の途中にあるおみやげ屋さん。ここでみかん蛇口を初体験! 都市伝説さながらに、蛇口からみかんジュースが出てきます。

↓ 徒歩

J

昼ごはん: 「五志喜」 J で郷土料理ランチ
創業380年余りの郷土料理のお店。看板メニューの「鯛そうめん(姿身)」は、鯛の煮付けが丸ごと一匹入った豪華なそうめん。愛媛では昔からお祝いの席で食べられる料理なのだそう。

14:00頃 サク旅終了! 帰宅へ

Ehime Information

旅メモ

☐ 揚げたてのさつまいも菓子・**芋けんぴ**が食べられる「**芋屋金次郎**」。道後店では、限定商品「**ゆあがりけんぴ**」(①)を販売。湯上がりに散歩しながら食べると、最高!

☐ 道後温泉駅近くの雑貨店&カフェ「**歩音**」は、オリジナル商品が充実。そのひとつ「**俳句恋みくじフォーチュンクッキー**」(②)は松山出身の俳人がつくった俳句入り。

☐ 道後温泉本舗前の「**一六茶寮**」では、銘菓の一六タルトと坊っちゃん団子が両方楽しめる「**一六名菓セット**」(③)がいただけます。

①
湯上がりの
ミネラル補給にも
愛媛県南予地方の藻塩がまぶしてあり、シンプルなおいしさ。

②
俳句とおみくじ
両方が楽しめます
全60句ある恋の俳句の中には、正岡子規や夏目漱石の句も。

③
道後温泉本舗を
眺めながら休憩を
2階にある「一六茶寮」は、ビュースポットとしても人気です。

\# サク旅愛媛　\# ドラマや映画の舞台を見に行く旅

サク旅スポット

愛媛

A 瓢太
中華そばは4サイズあり、「半そば」があるので、おでんもしっかり食べたい！　という人でも大丈夫。甘〜いスープは鶏ガラと豚の皮をベースに秘伝のタレを加えたもので、砂糖は不使用だそう。
- 🏠 松山市三番町6-1-10
- 📞 089-931-5133
- 🕙 11:30〜14:00、17:00〜23:00
- 📍 日休

B 清まる
人気ゲーム「桃太郎電鉄」に登場することでも有名。とんかつを手でつまみ、アイスと生クリームをのせ、スライスしたりんごをトッピングして口に運ぶのが、とんかつパフェの正式な食べ方。
- 🏠 松山市花園町4-6アプトンパーク21 1F
- 📞 089-948-9588
- 🕙 11:00〜21:00(L.O. 20:30)
- 📍 年末年始休業あり

C 伊丹十三記念館
ガレージには十三氏の愛車、ベントレー・コンチネンタルが展示されており、来館者を迎えてくれます。展示を見たら、ぜひ入館者専用「カフェ・タンポポ」で休憩を。
- 🏠 松山市東石井1-6-10
- 📞 089-969-1313
- 🕙 10:00〜18:00(入館は17:30まで)
- 📍 火休(祝日の場合は翌日休)
- 🌐 itami-kinenkan.jp/

D 道後温泉本館
霊の湯と神の湯の2つの浴室があり、4つの入浴コースがあります。朝6時から入浴できるので、朝湯を楽しんでも。
- 🏠 松山市道後湯之町5-6
- 📞 089-921-5141
- 🕙 6:00〜23:00(札止め22:30)
- ＊コースにより異なる
- 📍 12月初に1日臨時休館あり

E 道後温泉 茶玻瑠
道後初の屋上露天風呂も、この宿の名物。朝、昼、夜と時間帯によって雰囲気が変わるので、何度でも入りたくなります。金・土・日には、女性屋上桶風呂で、バラの花を浮かべた「露天バラ風呂」も実施しています。
- 🏠 松山市道後湯月町4-4
- 📞 089-945-1321

F 松山城
- 🏠 松山市大街道3丁目2-46
- 📞 089-921-4873
- 🕙 9:00〜17:00(天守)＊8月は9:00〜17:30、12〜1月は9:00〜16:30(30分前札止め)
- ＊リフト、ロープウェイの営業時間は公式サイト参照 www.matsuyamajo.jp/
- 📍 年中無休(天守のみ12月第3水曜休業)

G 松山ロープウェイ商店街
松山市一番町口からロープウェイ東雲口駅舎まで約500m続く、全国的にもめずらしいバリアフリー化された商店街。愛媛の食材を使ったグルメ店や、今治タオルなど愛媛の特産品が買えるおみやげ店が並んでいます。
- 🏠 松山市大街道3-2-8
- 📞 089-941-7088(松山ロープウェー商店街事務局)

H 港や
店頭で販売している「たまごバター餅」は、松山城近くにある老舗もち店の小林商店でつくっているお菓子。地元松山産のもち米など、原材料にこだわってつくられているそう。
- 🏠 松山市大街道3-8-1
- 📞 089-932-5784
- 🕙 9:30〜17:30
- 📍 年中無休

I えひめ愛顔の観光物産館
タルトや坊っちゃん団子などの銘菓から、五色そうめん、じゃこ天など愛媛の特産品が揃っています。蛇口から出る「みかんジュース」は、紙コップ1杯100円のお手軽価格。
- 🏠 松山市大街道3-6-1 岡崎産業ビル1F
- 📞 089-943-0501
- 🕙 9:00〜18:00
- 📍 水休、年末年始休業あり

J 郷土料理 五志喜
愛媛の郷土料理が食べられる老舗店。鯛そうめんだけでなく、名物をひととおり食べてみたい人には、ご当地グルメの鯛めしやじゃこ天などがセットになったコースもあります。
- 🏠 松山市三番町3-5-4
- 📞 050-5571-3318
- 🕙 11:00〜23:00
- 📍 不定休

次に行きたいリスト

□ アサヒ（今回行けなかったけど）
看板メニューはアルミのレトロなお鍋に入った、松山の定番グルメでもある「鍋焼きうどん」。いりこと昆布の出汁は甘くてやさしい味わい。

□ 六時屋 道後店
カステラであんこを巻いた松山の郷土菓子「タルト」。六時屋が創業70周年を記念してつくった「超特選タルト」は、原材料や製法にこだわった自信作。

018　サク旅福岡

Theme:
はしご酒してみる旅

Place:
博多

Point:
博多は夜が楽しいというけれど、
食べ歩きやお酒が好きな人にとっては、天国。
地元の人も観光客も、みんながぐるぐると
店をまわってはしご酒をしている様子は、
街全体がテーマパークになっているみたい。

Fachu's Travel story

福岡

#サク旅福岡 #はしご酒してみる旅

　いつもの私は、あまり夜遅くまでは出歩かない派。旅先でも、居心地のいいホテルの部屋に戻って、その日の日記を書いたり、お風呂にゆっくり入ったりするという過ごし方が好きだったりします。ふかふかのベッドでごろごろしながら、ローカルな深夜番組を見るという娯楽も、また楽しくて。

　でも、お目当ての食べ物があるとなると、話は違ってきます。特に博多にいるのなら、ホテルにこもってはいられません。胃袋の許す限り、というか胃袋の限界まで、食べ歩きます！
　屋台で食べて、居酒屋でインターバルをとって、ラーメンを食べに行って…と、食を食で挟むストイックなスケジュールになった、今回の旅。夜に備え、昼は軽めにしておくほうがいいかもしれません。そして、お店からお店へ移動する際は、タクシーを使わずに歩いて、ちょっとでもカロリーを消費！

　焼け石に水ということはわかっているけれど、夜の街をゆっくり歩くということも、普段はなかなかしないから、新鮮なんです。少しお酒の入った体で街の空気を感じるのも、また気持ちよくて。
　そして、歩いていると地理がわかってきて「あの有名店、ここにあるんだ」「次はここに来たいな」なんて、「次に行きたいリスト」もどうしたって増えてしまいます。行きたい場所が多すぎて、自分の胃袋の容量を恨めしく思うほど。
　街を歩くことは、その街を知って、ますます好きになることでもあるのです。

ベストシーズン

街中で完結するコースなので、1年を通して楽しめますが、冬に訪れる場合は、福岡は意外に寒さが厳しいので、防寒対策をしっかりしていきましょう。

Fukuoka 2days trip

飲んで食べてたくさん笑って、博多の夜を100％味わう！

はしご酒してみる旅

Day 1

12:00頃 博多に到着
↓ 徒歩

昼ごはん： まずは「博多一双 博多駅東本店」Aへ！
ランチタイムは行列が途切れることがない、豚骨ラーメンの有名店。博多駅から徒歩約6分と近いので、到着の一杯にぴったり。ラーメン愛好家から「豚骨カプチーノ」と呼ばれる極上のスープに、もちもちの麺をからめていただきます。

↓ 福岡市地下鉄空港線（博多→大濠公園）

観光： 「大濠公園」Bで腹ごなしにお散歩
福岡県民の憩いの場所。園内のほとりでジョギングや散歩をする人も多く、地元の人の日常を感じられます。緑が多く、野鳥が生息しているため、バードウォッチングを楽しむ人の姿も。

↓ 徒歩

おやつ： 「スターバックスコーヒー 福岡大濠公園店」Cでコーヒーブレイク
公園の景観を維持するように配慮された建物は、木材が多く使われ、ぬくもりのある雰囲気。天気のいい日はぜひテラス席へ。目の前の大きな池を眺めながらのんびりくつろげます。

↓ 福岡市地下鉄空港線（大濠公園→赤坂）

夜ごはん： 1次会は「田しゅう 福岡大名本店」Dで
博多名物もつ鍋からスタート。「田しゅう」は地元の有名店。もつ鍋は人気の味噌、醤油のほか、辛味噌を使った「田しゅう鍋」、水炊き風（福岡大名本店のみ）もあります。連日満席なので予約必須。

↓ 徒歩

夜ごはん： 「小金ちゃん」Eではしご酒
博多の屋台料理の代表格、「焼きラーメン」発祥のお店。焼きラーメンはゆでた細麺を炒め、豚骨スープやソースで味つけした一品。濃厚な汁がからみ、まるでもんじゃ焼きの麺バージョンみたい。

↓ 徒歩

初心者でも安心。博多屋台飲みのコツ

Hachu's Point!

初心者向けなのは天神駅付近の屋台。トイレはないので事前に済ませ、高額紙幣は崩しておくこと。混んできたら席を詰め、長居しない等のマナーも大切に。お店の人や地元のお客さんとの交流も、ぜひ楽しんで。

福岡

夜ごはん：「**鉄なべ 中洲本店**」 **F** で餃子も制覇

腹ごなしに歩きながら、2軒目の「鉄なべ」へ。昭和38 (1963)年に屋台からスタートした、鉄鍋餃子発祥のお店。餃子のあんには鹿児島県産のブランド豚「茶美豚」を使用し、皮からすべて手づくりなのだとか。鉄板でカリカリに焼かれたこぶりの餃子は、おしゃべりしながらいくらでも食べられちゃいそう。

↓ 🚕 タクシー（少しでもお腹を空かせたいなら歩いても！）

夜ごはん：「**やまちゃん 福岡天神店**」 **G** でシメ！

苦しいお腹を抱えつつも、やっぱりシメにはラーメンを食べたい！　やる気まんまんで4軒目の「やまちゃん」へ移動。

屋台から生まれたこのお店は、焼き鳥やホルモン、魚介料理、冬のおでんなどいろいろな料理が楽しめるけれど、看板メニューはやっぱり長浜ラーメン。あっさり目の豚骨スープと細麺がマッチしたラーメンは、お腹いっぱいでもするする胃に入ってしまいます。

深夜4:00までの営業なのに、シメにラーメンを食べようというお客さんが3:30になってもどんどん訪れ、博多の夜のにぎわいを肌で感じました。スタッフさんもきびきびしていて、気持ちよく飲めます。

Day 2

昼ごはん：「**大地のうどん 博多駅ちかてん**」 **H** で ごぼう天うどんにトライ

昨晩は深夜まで飲み食べしたから、ホテルの朝ごはんはパス。お腹を調整して、最後のランチへ。

このお店の特徴は、北九州発祥の「豊前うどん」の麺。長時間熟成した麺は半透明で、しっかりとしたコシとつるっとした口当りが魅力です。

人気メニューは「ごぼう天うどん」**H-1**。麺が見えないほど巨大サイズの、渦を巻いたごぼう天が乗ったビジュアルはインパクト抜群！　揚げたてで提供されるので、まずはサクサクの歯ごたえを楽しんで、次につゆに浸しながらいただきます。

12:30頃 サク旅終了！　帰宅へ

Fukuoka Information

- □ **はしご酒のコツ**は、移動はなるべく**歩く**こと。少しでもお腹を空かせましょう。
- □ 上川端商店街の「**川端ぜんざい広場**」では、金・土・日・祝に、惜しまれつつ閉店した名店「川端ぜんざい」が復活。**日本一甘いぜんざい**が食べられます。
- □ あいにく天気が悪い日には、天神駅と天神南駅を結ぶ「**天神地下街**」へ。多くのビルや商業施設とつながっているので、雨や風の強い日も心強い！
- □ 福岡の新名物として話題の「**努努鶏**」は、冷やして食べる不思議な**からあげ**。独特な食感＆甘辛味で、お酒のつまみにも◎。**博多駅**や**福岡空港**でも売っています。
- □ 博多近郊の「**マリンワールド海の中道**」は、2017年にリニューアルオープン。九州の海を再現した「**玄界灘水槽**」など、見どころがいっぱいの水族館です。

\# サク旅福岡　\# はしご酒してみる旅

福岡

サク旅スポット

A 博多一双 博多駅東本店

国産子豚の骨だけを使ってつくるスープや、スープとのからみを重視して特注した麺など、お店のこだわりが詰まった一杯がいただけます。
- 福岡市博多区博多駅東3-1-6
- 092-472-7739
- 11:00～24:00
- ＊スープが売り切れ次第終了
- 不定休

B 大濠公園

黒田長政が福岡城築城の際に、当時は入江だったこの地域を埋め立て、城の外濠にしたのが、名前の由来。隣の舞鶴公園には福岡城跡があり、天守台跡からの眺めを楽しめます。
- 福岡市中央区大濠公園
- 092-741-2004
- 常時開園
- ＊駐車場は7:00～23:00

C スターバックスコーヒー 福岡大濠公園店

こちらの店舗では環境への配慮にも力を入れており、コーヒーをいれた後に残る豆かすと公園の落ち葉でたい肥をつくり、公園の緑づくりに役立てるなどの取り組みが行われています。
- 福岡市中央区大濠公園1-8
- 092-717-2880
- 7:00～21:00
- 不定休

D 田しゅう 福岡大名本店

味噌味のもつ鍋にしたら、シメのチーズリゾットもぜひ。一品料理にも定評があり、「青じそ風味の明太子」や、「牛ホホ肉の甘煮」などが人気。
- 福岡市中央区大名1-3-6
- 092-725-5007
- 17:00～翌1:00(L.O.24:30)
- 年末年始休業あり

E 小金ちゃん

焼きラーメンは、もともとはまかない料理だったのだとか。いつも行列ができている人気店なので、食べたらあまり長居しないのがマナー。
- 福岡市中央区天神2-14-3
  三井ビル裏親不孝通り入口
- 090-3072-4304
- 18:30～翌2:00
- 日・木休、雨天時休業の場合あり

F 鉄なべ 中洲本店

博多駅前で屋台としてスタートした老舗餃子店。お持ち帰り用の餃子も販売しており、家に帰ってからも、博多の味を楽しめます。
- 福岡市中央区西中洲1-5
- 092-725-4688
- 月～土：17:00～翌3:00
  ／日：17:00～23:00
- 火休

G やまちゃん 福岡天神店

福岡三大ラーメンのひとつ、長浜ラーメンの特徴はコシのある細麺。お酒のシメに最高！
- 福岡市中央区舞鶴1-4-31 舞鶴コーポラス1F
- 092-715-8227
- 月・火・木：18:00～翌3:30(L.O.)
  ／金・土・祝前：18:00～翌4:00(L.O.)
  ／日・祝：18:00～翌3:00(L.O.)
- 火休、年末年始休業あり

H 大地のうどん 博多駅ちかてん

ごぼう天うどんだけでもかなりのボリュームがありますが、余裕があれば、九州のうどんの定番サイドメニュー、「かしわおにぎり」も。
- 福岡市博多区博多駅前2-1-1
  朝日ビル地下2F
- 092-481-1644
- 11:00～16:00、17:00～21:00
- 年始休業あり

次に行きたいリスト

今回行けなかったけど

□ **パンストック**

箱崎の人気パン屋さん。イチ推しの「めんたいフランス」は、もっちり食感のフランスパンに明太子がたっぷり塗り込まれた名品。予約も可。

□ **博多炉端 魚男（フィッシュマン）**

長浜鮮魚市場で仕入れた厳選素材が楽しめる炉端焼きのお店。階段状の刺盛りやケーキの形の肉じゃが等、見て楽しく食べておいしい料理がいっぱい！

019　サク旅大分

Theme:
温泉で人生を考える旅

Place:
湯布院

大分

Point:
旅をする理由が「読書」だっていい。
落ち着いた風景の中で、自分と向き合って
ゆっくり本を読むために温泉にこもる。
風景とともに自分を見つめ、
思考するための時間も、時には必要です。

Hachu's Travel story

　大学時代に取っていたブランディングの授業の中で、お客さんが全然来なかった温泉地である湯布院が、ブランド化するまでの話を教授に教えてもらって以来、「いつか行こう」と思っていました。
　そこから10年たって、ふと「ゆっくりしたい」と思ったときに、大学時代の記憶を思い出し、衝動的に湯布院行きを決定。パックツアーを手配しました。

　このときは、読みかけの本が数冊あったので、ぽんぽんと本をスーツケースに投げ込んで、旅のテーマを「読書をして人生を考える旅」にしました。東京から大分まで行くとなると、移動時間が結構あるので、読書や考え事に最適なのです。湯布院到着後も、軽く周囲を散策をした後は、温泉やごはんの合間にじっくり本を読むという、静かな時間を過ごしました。
　時折、本から目を上げると、写真で見た通りののどかな由布岳の風景が見えて、心までのびやかになっていくような感じがしました。読んでいた本の吸収率も、心なしか良くなったような気も。いつしか自分の将来についても思いをめぐらしたり。旅に出なければ、そんなに深く考える余裕はありませんでした。

　今回のような衝動的な旅の場合、大事なことは「決断に時間をかけない」ことだと思います。「行きたい」と思ったときに「せっかくだからいろいろ調べて」と欲張ると、旅の負担が大きくなります。最初は「行きたいから行く」でよくて、それ以上の理由は予約してから考えればいいのです。

ベストシーズン

湯布院が位置する大分県中部は、通年晴天の日が多く、観光しやすい気候です。ただし、山の麓にあるため、昼夜の寒暖差が大きいので、温度を調整しやすい服装で行くのがよいでしょう。

Oita 2days trip

豊かな自然に包まれて、のんびり読書する幸せ

温泉で人生を考える旅

Day 1

13:00頃 由布院に到着
↓ 🚶 徒歩

昼ごはん: 「Cafe La Ruche」🅐でゆったりランチ
由布院駅から、おみやげやさんが並ぶ湯の坪街道をぶらぶらしながら金鱗湖へ。ランチは湖に面した「Cafe La Ruche」で。レイクビューを楽しみながら、食事をすることができます。暖かい時期なら、テラス席でいただくのも素敵。2階には「シャガール美術館」が併設されています。

↓ 🚶 徒歩

おやつ: 「茶房 天井棧敷」🅑で名物スイーツを
金鱗湖畔にある名旅館「亀の井別荘」庭内にある、レトロかわいいカフェ。江戸末期の造り酒屋の屋根裏を移築・改装しており、情緒たっぷりで心が落ち着く空間でした。人気メニューは、由布岳の雪化粧姿を模したチーズケーキ「モン・ユフ」。コーヒーもおいしい。

↓ 🚕 タクシー

宿泊: 「感動とやすらぎの宿 東匠庵」🅒でおこもり
全部屋から由布岳が望める絶景宿。窓から広がる由布岳の大パノラマは圧巻！ 大自然に包まれながら、何もしない贅沢な時間を満喫しました。夕食は、地元産の食材を使った豪華な懐石料理。薄切りの大根を器にする(🅒-3)など、繊細な技にも感動しました。デザートは、大きな窓のあるロビーに移動。夜の由布岳を見ながらゆったりといただきます。お風呂は全室に専用風呂があるタイプで、夜も朝も、好きなタイミグで入れるのが、うれしい。

Day 2

昼ごはん: 旅のしめくくりに「すし処 宙」🅓で関アジ
「東匠庵」の朝ごはんをしっかりいただいたので、昼は大分空港で軽めに。「すし処 宙」は、空港のお寿司屋さんとは思えないほどレベルが高いと評判のお店。大分名物「関アジ」も食べられます。

13:00頃 サク旅終了！ 帰宅へ

Oita Information

#サク旅大分　#温泉で人生を考える旅

大分

旅マップ

湯布院

サク旅スポット

A Cafe La Ruche
- 由布市湯布院町川上岳本1592-1
- 0977-28-8500
- 月〜土曜日 9:00〜17:30／日・祝 日7:00〜17:30（L.O. 17:00）
- 不定休

B 茶房 天井棧敷
- 由布市湯布院町川上2633-1 亀の井別荘 庭内
- 0977-85-2866
- 9:00〜18:00
- 不定休（年2回）

C 感動とやすらぎの宿 東匠庵
- 温泉の泉質は、美肌の効能で知られる「アルカリ性単純温泉」。
- 由布市湯布院町川南1044-1
- 0977-28-8077

D すし処 宙
- 国東市安岐町下原13 大分空港ターミナルビル3F
- 0978-64-7752
- 10:30〜19:40(L.O.19:10)
- 年中無休

旅メモ

☐ 金鱗湖近くの「**湯布院フローラルヴィレッジ**」は、世界で一番美しい村とされる英・コッツウォルズの街並みを再現。施設内には、女性（非喫煙者）限定のホテルも。

☐ 駅前の由布見通りにある「**酒造ゆふいん金鱗堂**」には、足湯ならぬ**指湯**が。大分名産の焼酎や地ビールを探しがてら、**天然温泉**に触れてみては。

次に行きたいリスト

今回行けなかったけど

☐ **ゆふいんの森号**
博多駅と由布院駅をつなぐJR九州の特急列車。木のぬくもりを感じさせるクラシカルな内装が素敵。観光案内が行われるサロンスペースなど、フリースペースも充実。
※2018年1月現在、九州北部豪雨災害により通常と異なる経由で運行

☐ **河原精肉店**
由布院駅近くの老舗精肉店。店頭ではコロッケなどのおそうざいを販売しており、とくに秘伝のタレに漬け込んだ、若鶏のからあげが大人気。食べ歩きにぴったり。

111

020 サク旅沖縄

Theme:
シメステーキしちゃう旅

Place:
那覇

Point:
もともとステーキが親しまれていた沖縄。
「シメ」としてクローズアップされたのは
人気番組で紹介されたことがきっかけだそう。
地元客と観光客が入り乱れての
深夜ステーキは、娯楽であり快楽！

#サク旅沖縄 #シメステーキしちゃう旅

Hachu's Travel story

沖縄

　沖縄というと、海が真っ先に頭に浮かぶけれど、海に入らない沖縄だって、魅力満載。言葉も文化も、沖縄だけは他の地域に比べて群を抜いて独特なので、日本語が通じる外国に来たかのような感覚がします。
　那覇で市場をめぐって、郷土料理を食べて、絶景を見て…と「ザ・観光」をするだけでも、十分充実していて、おもしろいんです。

　でも、そんな中で、少しだけ地元に溶け込む体験をしようと思ったら、飲んだ後のシメに、ラーメンの代わりにステーキを食べてみると、おもしろいかも。
　那覇には夜遅くまで営業しているステーキ屋さんが何軒もあり、遅い時間の仕事帰りや飲んだ後に行く方も多いのだとか。それを人気テレビ番組が「シメステーキ」として紹介したことで話題となり、その結果、深夜のステーキ店に観光客もたくさん訪れているのだそう。
　私が行ってみたのは、創業約60年の老舗ステーキ店「ジャッキーステーキハウス」。アメリカンテイストな店内で、各国からの観光客や地元民にまじって、赤身の牛肉をナイフとフォークで食べる。それはスープで胃を温めるような落ち着く「シメ」とは違って、元気を取り込んでいるようで楽しい体験でした。

　日本全国を探してみたら、他にもいろいろな「シメ」文化があるのかも。札幌のシメパフェ、沖縄のシメステーキに続いて、変わった「シメ」シリーズ、もっと叶えてみたいなぁ…。

ベストシーズン

亜熱帯に属する沖縄本島。年間平均気温は20℃を超え、冬でも10℃以下になる日は少ないので、今回提案する街歩き中心のコースなら、年間を通して楽しめます。ただ、5〜6月は梅雨、7〜9月は台風のシーズンなので注意を。また、5〜10月上旬くらいまでは猛暑なので、熱中症や日焼け対策は万全に。

Okinawa 2days trip

街並みも風景も食べものも、すべてがフォトジェニック！

シメステーキしちゃう旅

Day 1

12:00頃 那覇空港に到着
↓ ゆいレール（那覇空港→美栄橋）

観光：「第一牧志公設市場」Ⓐにやってきた！
那覇のメインストリート・国際通りのそばにある、第一牧志公設市場へ。開業から60年以上、「那覇の台所」として愛されている市場は見どころいっぱい。まずは腹ごしらえに向かいます。
↓ 徒歩

昼ごはん：「きらく」Ⓑで市場ランチ
市場の2階は食堂街。その中にある「きらく」では、イカスミのちゃんぷるーやラフテーといった沖縄料理が楽しめます。頼めば1階の市場で購入した魚も調理してもらえます（調理代金が必要）。
↓ 徒歩

お買い物：「第一牧志公設市場」でおみやげ購入
お腹が満たされたら、ゆっくり市場でお買い物を。本州ではあまり見かけないカラフルな魚やポークランチョンミート、島らっきょうなど、沖縄ならではの食材がいっぱい。豚の顔を加工した食品など珍しい食材もあって、見飽きません。おみやげ品もたくさん売っていて、私はコーレーグース（島とうがらしの泡盛漬け）を買いました。
↓ 徒歩

おやつ：「琉球菓子処 琉宮」Ⓒでスイーツを
市場前にある、沖縄の伝統郷土菓子「サーターアンダギー」の専門店。イートインもでき、サーターアンダギーのほか、オリジナルの琉球あんみつやかき氷、沖縄の素材を使ったドリンクなどがいただけます。
甘いものをチャージしたら、またお散歩の続きを。市場の周辺は、平和通りやパラソル通りなどさまざまな商店街があり、ぶらぶらしているだけでも楽しい。どことなく外国感漂うカラフルな街並みは、写真を撮りたくなる風景がいっぱいです。
↓ ゆいレール（牧志→安里）

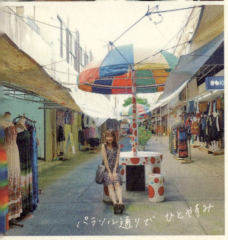

パラソル通りで ひとやすみ

\#サク旅沖縄 \#シメステーキしちゃう旅

沖縄

Hachu's Point!

沖縄ではステーキ店があちこちに
食文化にステーキが根付き、夜遅くまで食べられるお店が多い沖縄。「ジャッキーステーキハウス」以外にも、国際通りにある「ステーキハウス88」、「JUMBO STEAK HAN'S」、「サムズアンカーイン」などが有名。

D　E-1

E-2

F-1　F-2

G　H

夜ごはん：「**うりずん 本店**」**D**で本格的な沖縄料理体験
創業1972年の老舗沖縄料理店。人気メニューは沖縄名産の田芋に豚肉などを混ぜて揚げた「ドゥル天」。有名料理をいろいろ試してみたいなら、ドゥル天やラフテーなど名物が少しずつ食べられる「うりずん定食」を。沖縄そばも外せません。

↓ ゆいレール（安里→旭橋）

夜ごはん：「**ジャッキーステーキハウス**」**E**でシメステーキ
夜はまだまだ終わらない！ 沖縄で最近話題のシメステーキへ繰り出します。「ジャッキーステーキハウス」は沖縄がまだアメリカの統治下だった1953年創業で、お店の雰囲気もアメリカ風。おすすめは、赤身肉のおいしさをしっかりと感じられるテンダーロインステーキ。ナイフを入れるとすっと切れるくらい柔らかくて、ぺろっといけてしまいました。

Day 2

朝ごはん：「**沖縄第一ホテル**」**F**で体がよろこぶ朝食を
沖縄の珍しい薬草など、約50品目もの食材を使った薬膳朝食をいただけるのが、「沖縄第一ホテル」。宿泊者以外でも、予約をすれば朝食を食べることができます。体にやさしい食材ばかりなので、おなかいっぱいになっても体は軽く、朝からしっかり栄養をとった満足感でいっぱいに。

↓ ゆいレール＋ シャトルバス（県庁前→赤嶺→ウミカジテラス）

観光：真っ青な海を見に「**瀬長島ウミカジテラス**」**G**へ
那覇空港近くの瀬長島にできた、ショッピングスポット。丘の斜面をそのまま利用した白亜の街並みは、まるでエーゲ海のリゾートのよう。ギリシャの絵葉書のような絶景が見られます。

↓ シャトルバス（ウミカジテラス→那覇空港）

昼ごはん：「**A&W 那覇空港店**」**H**でご当地バーガー
日本では唯一沖縄にある、アメリカ生まれのファーストフードレストラン。看板メニューのハンバーガーは食べごたえがあります。オリジナルドリンクのルートビアはおかわり無料！

14:00頃　サク旅終了！　帰宅へ

115

Okinawa Information

- □ **平和通り商店街**では、16時に**沖縄版ラジオ体操**が流れ、お店の人が外に出て、いきなり体を動かしはじめます。ちょっとシュールなこの光景、お見逃しなく。
- □ 沖縄の焼き物「**やちむん**」は、ぽってりとした形や大胆な絵付けが魅力。工房やギャラリーが並ぶ**壺屋やちむん通り**で、ぜひ、お気に入りの器を見つけて。
- □ 沖縄名物の**ブルーシール**アイスクリーム。「パレット くもじ店」など一部店舗では毎月10、20日に、シングル価格で3つの味が楽しめる「**Big Dip Day**」を実施。
- □ ウミカジテラス近くの**瀬長ビーチ**は、飛行機が間近に見えるスポットとして人気。
- □ 「**A&W**」で飲める**ルートビア**は、14種類以上の薬草からつくられた炭酸飲料。薬のような独特の味だけれど、クセになります。

サク旅スポット

A 第一牧志公設市場

沖縄の食材の調理法をお店の人に聞きやすいのも魅力。
- 那覇市松尾2-10-1
- 098-867-6560
  (第一牧志公設市場 管理事務所)
- 8:00～21:00
  ＊店舗により異なる
- 第4日休(12月を除く)、正月、旧正月、旧盆休業あり
  ＊店舗により異なる

B きらく

定番の沖縄料理のほか、中華料理も人気です。
- 那覇市松尾2-10-1 牧志公設市場 2F
- 098-868-8564
- 11:00～21:00(L.O. 20:00)
- 第4日休(12月を除く)、正月、旧正月、旧盆休業あり

C 琉球菓子処 琉宮

サーターアンダギーは、もちろんお持ち帰りもOK。プレーンや黒糖といった伝統の味から、琉宮オリジナルのココナッツ、黒ごまきな粉まで、いろいろな味が楽しめます。
- 那覇市松尾2-9-14
  牧志第一公設市場前
- 098-862-6401
- 10:00～18:30
- 第3木休

D うりずん 本店

このお店の魅力のひとつが、泡盛の品揃えが豊富なこと。店主がブレンドした泡盛を熟成させた「古酒」のほか、数十種類もの泡盛が揃っています。甘いお酒が好きなら泡盛カクテルを。
- 那覇市安里388-5
- 098-885-2178
- 17:30～24:00
- 年中無休

E ジャッキーステーキハウス

予約不可の人気店なので、ある程度待つことも想定して、時間に余裕を持って訪問を。入口にある信号機は、青(空席あり)、黄(やがて空席)、赤(満席)の3段階で混み具合を示しています。
- 那覇市西1-7-3
- 098-868-2408
- 11:00～翌1:30(L.O. 1:00)
- 1/1、旧暦7/15休業

F 沖縄第一ホテル

沖縄の美術品などが飾られた朝食会場は、優雅な雰囲気。緑があふれる琉球風の中庭も素敵です。
- 那覇市牧志1-1-12
- 098-867-3116
- 朝食は8:00～、9:00～、10:00～の3回(入れ替え制)
- 年中無休
  ＊予約は前日までに電話で
  (9:00～21:00)

G 瀬長島ウミカジテラス

那覇空港に近いので帰りに寄るのにぴったり。
- 豊見城市瀬長174-6
- 098-851-7446
- 10:00～21:00
- 年中無休 ＊店舗により異なる
  ＊赤嶺駅とパレット久茂地前から瀬長島(ホテル前)まで無料のシャトルバスが運行。瀬長島から赤嶺駅経由で那覇空港へ行く便もあり。

H A&W 那覇空港店

人気メニューの「カーリーフライ」は、ねじのようにくるくるした形のフライドポテト。オリジナルのスパイスが効いていて、やみつきになる味です。
- 那覇市鏡水150 那覇空港国内線旅客ターミナルビル3F
- 098-857-1691
- 6:30～20:00
- 年中無休

次に行きたいリスト

今回行けなかったけど

☐ ボールドーナッツパーク那覇本店
ころんとした丸い形がかわいいドーナッツのお店。定番の「レモン&ナチュラルシュガー」は、揚げたてに生レモンをぎゅっと絞っていただきます。

☐ どらえもん
国際通り近くにある宮古そばの店。看板メニューの「どらえもん」は、ソーキ、てびち、三枚肉が乗った沖縄そばで、ボリュームたっぷり。

サク旅
コラム
2

旅のマイルール

旅のときに行動の指針になる「マイルール」をつくっておくと
素早く動けるようになり、旅の楽しさもぐっとアップします。
自分の旅のこだわり、ぜひリスト化してみてください。

1 財布の中身は変えない

持ち物を軽くしようと思って財布を整理すると、旅先で「やっぱりあれがあったら」と後悔することも。ポイントカードや保険証などもいつ必要になるかわからないので、財布の中身はいつものままで。

2 まずはチケットを取る

チケットを取る前に計画を立てると、あれこれ調べるのに疲れて「やっぱり旅はやーめた」となりがち。でも、チケットを取ればもう後戻りはできません。旅の始まりは購入ボタンを押したときです。

3 買い物は即決

おみやげを買うために来た道を戻るのはもったいないし、戻る時間がないことも多いので、「ほしい！」と思ったらその場で買いましょう。貴重な旅の時間を迷うことに費やすなら、買うほうがお得！

4 無理に買わない

一方で、ほしいものがなければ、無理に買う必要はありません。毎回友達全員におみやげを買う義務だってナシ。後からほしくなったら、またサクっと来たらいいし、今ならたいてい通販で買えます。

5 いい服を着る

旅行先で荷物を軽くするために、着た服を現地で捨てる旅人もいるけど、旅行中は普段よりたくさん写真を撮るもの。旅のテーマに合わせてテンションの上がるお気に入りの服を着るのもおすすめです。

6 金銭感覚を捨てる

旅行先ではケチらない！　いつも節約しているのなら、旅の間くらいは値段ではなく気持ちで選ぶ時間にしてみませんか。「こっちのほうが安いから」ではなく、「こっちのほうがワクワクする！」で。

7 タクシーをうまく使う

荷物が重いときは、躊躇なくタクシーを使って体力の温存を。タクシーの運転手さんは地元のプロ。観光客にも慣れているので、聞けば穴場スポットも教えてくれます。方言での会話も新鮮で楽しいはず。

8 土地のものを楽しむ

食べるものや買うもので迷ったら、その土地のお酒やその土地の野菜など、そこでしか食べられないもの、買えないものを選びます。地ビールや地酒を絶対に飲む、等と決めてもいいかもしれません。

9 スーパーへ行く

そこで暮らしている人の生活を見ることが、その土地に近づく一番の方法だと思います。コンビニやスーパーなどの品揃えも、普段自分が住んでいる街とは違うはず。地元のフリーペーパーも要チェック。

10 旅を次につなげる

思いついたこと、知ったことは必ずメモ。余裕があれば発信も。私は「〇〇（←地名）で私がした10のこと」というブログのシリーズを更新するようにしています。こうすることで旅が学びになります。

＋1時間の旅

出張や、コンサートやイベントなどで遠出をした際に、"＋1時間"あれば、ついでに小旅行が満喫できます。旅の楽しさが2倍になる、新しい旅の提案です。

※会社の出張の場合、業務外のルートでケガしたり、事故にあっても労災認定されません。各自、自己責任で出かけましょう。
※表示している移動時間はあくまでも目安です。時間帯や交通手段によって変更の場合もありますがご了承ください。

＋1時間の旅
宮城・東京

1　仙台から40分　円通院で数珠づくり＆海鮮づくし（宮城）

仙台から約40分、日本三景として知られる松島へ。松島海岸で景色を眺めたら、手入れの行き届いた庭園に定評がある「円通院」に。初夏の新緑や秋の紅葉など、季節ごとの風景が見られます。参拝後はオリジナルの数珠づくりがおすすめ（1000円〜。予約なしでOK）。カラフルな数珠はいい思い出になり、数珠づくり体験をした人は拝観料が無料になります。その後は新鮮な魚介が食べられる「松島さかな市場」で腹ごしらえを。海鮮たっぷりの丼のほか、焼き牡蠣の食べ放題や牡蠣バーガーなどが人気。

円通院
🏠 宮城郡松島町松島字内67
📞 022-354-3206
🕐 4〜10月下旬:8:30〜17:00／10月下旬〜11月:8:30〜16:30／12〜3月:9:00〜16:00

松島さかな市場
🏠 宮城郡松島町松島字普賢堂4-10
📞 022-353-2318
🕐 8:00〜17:00
＊食事受付時間は1F:8:00〜15:00、2F:10:00〜15:00
📍 年中無休

2　東京から30分　オリーブスパで極上の癒やし体験（東京）

通称オリスパ。私はここをお金で買える天国だと思っています。一歩店内に足を踏み入れると、そこはバリのリゾート。ていねいに体をほぐしてもらうと、心の疲れもコリと一緒に消えていきます。「オリーブスパ」がほかのスパと違うのは、どの支店のどのスタッフさんでもハズレがないこと。みんな親切で、体をほぐす技術は一流。いつもこのとろけるような体験を記憶に留めたいと思うものの、最後はすっかり熟睡して記憶が飛んでしまっているのです。大人になってこの贅沢に出会えてよかったと心から思います。

オリーブスパ
全国各地に支店を持ち、東京には広尾や表参道、恵比寿など18店舗を展開。各店の住所や問い合わせ先等は公式サイトを参照。（施術は60分から）🔗 www.olivespa.co.jp/

+1 hour

3 東京から10分 新しい銀座めぐり（東京）

銀座と表参道は行くたびに新しいお店やビルが立ち並んでいて、まるでデートのたびに服もお化粧もがらっと変える女の子のようだと思います。古き良きレトロな銀座をめぐるコースも捨てがたいけれど、今の銀座を味わうなら、あえてカフェでのランチもよいかも。「マーサーブランチ」のフレンチトーストなら満足感は大きくても、夜のお腹のスペースまでは奪いません。その後めいっぱい買い物を楽しんだら、夜は夜景を見ながら「THE APOLLO」でモダンギリシャ料理を。多国籍な選択肢がある、銀座ならではの体験です。

マーサーブランチ ギンザテラス
🏠 中央区銀座1-8-19
キラリトギンザ4F
📞 03-3562-9551
🕐 ブランチ10:00〜17:00
(L.O.16:30)、ディナー17:00〜23:00(L.O.22:00)
📍 休業はビルの休館日に準ずる

THE APOLLO
🏠 中央区銀座5-2-1
東急プラザ銀座11F
📞 03-3572-4200(予約専用)
🕐 11:00〜23:00
📍 休業はビルの休館日に準ず る、年始休業あり

4 東京から30分 中目黒で夜散歩（東京）

高架下がどんどん開発されている中目黒は、おしゃれで小さなショップが多く、お店めぐりを兼ねた散歩が楽しい街。休憩するなら中目黒駅から徒歩数分のビルの3階にある「カフェファソン」へ。甘みのあるミルクとコーヒーが美しい層になっている「カフェ・オレ・グラッセ」は目にもうれしいメニュー。高架下にある「中目黒 蔦屋書店」は"中目黒のクリエイティブエンジン"がコンセプト。クリエイティビティを刺激してくれる雑貨や本が揃い、店内のスタバでコーヒーを飲みながら本や雑誌をゆっくり選べます。

カフェファソン
🏠 目黒区上目黒3-8-3
千impeachビル・アネックス3F
📞 03-3716-8338
🕐 10:00〜22:00
📍 不定休
(夏季、年末年始休業あり)

中目黒 蔦屋書店
🏠 目黒区上目黒1-22-10
📞 03-6303-0940
🕐 7:00〜24:00
📍 年中無休

＋１時間の旅

愛知・岐阜

5　名古屋から15分　熱田神宮＆ひつまぶし（愛知）

「**熱田神宮**」は伊勢神宮につぐ格式高い神社。神宮内にある清水社の湧き水で肌を洗うと美肌のご利益があるそう。参拝後は、名古屋名物・ひつまぶしを。名古屋の人の中には「**あつた蓬莱軒**」のひつまぶしを食べなきゃひつまぶしを食べたとは言えない、と断言する人もいるほどの有名店。140年余りの歴史があり、それほど愛されるのにも納得がいく味です。かなりの行列を覚悟しなくてはいけないけれど、その価値は十分あり。しっかりとお祈りして、しっかり食べて帰れば、体も心も整うのではないでしょうか。

＊「ひつまぶし」はあつた蓬莱軒の登録商標です

熱田神宮
🏠 名古屋市熱田区神宮1-1-1
📞 052-671-4151
🕐 終日参拝可能

あつた蓬莱軒 神宮店
🏠 名古屋市熱田区神宮2-10-26
📞 052-682-5598
🕐 11:30〜14:30(L.O.)、16:30〜20:30(L.O.)
📍 火、第2・第4月休
（但し、祝日の場合は営業）

6　名古屋から30分　スーパー銭湯めぐり（愛知）

名古屋に住んでいた頃、休日の娯楽といえば「**湯〜とぴあ宝**」「**キャナルリゾート**」などのスーパー銭湯に行くことでした。お風呂、サウナ、食事処が一緒になったスーパー銭湯は数時間の滞在でも気分が一新されてすっきり。その気になれば1日中でもいれちゃいます。お風呂に入った後、ゆっくりとおいしいものを食べ、余裕があれば、あかすりやマッサージも。テーマパーク型や公共施設型など、施設ごとに特徴があるので、新規開拓するもよし、気に入ったところをリピートするもよし、自由に楽しんでみてください。

湯〜とぴあ宝
🏠 名古屋市南区前浜通1-9
📞 052-611-1126
🕐 24時間営業
📍 年中無休

キャナルリゾート
🏠 名古屋市中川区玉川町4-1
📞 052-661-9876
🕐 月〜木：9:00〜翌1:00／
金・祝前日：9:00〜翌2:00／
土：8:00〜翌2:00／
日・祝：8:00〜翌1:00
📍 年中無休

7 名古屋から5分　本場でモーニング（愛知）

モーニング発祥の地といわれる名古屋。モーニングが豪華なのは一宮市を中心としたエリアですが、名古屋駅周辺でそういったモーニングを出しているお店に行ってみたい人もいるかもしれません。そんな人にぴったりなのが「リヨン」。1日中モーニングサービスを提供しているうえ、名古屋駅から徒歩約5分というのも出張者にはうれしい。市内各所にある老舗チェーン「コメダ珈琲」や「コンパル」などもおすすめ。モーニング以外でも飲み物に袋入り菓子がついてくるなど、名古屋には独自の喫茶文化が根付いています。

リヨン
🏠 名古屋市中村区名駅南1-24-30 三井ビル別館B1
📞 052-551-3865
🕐 8:00～18:00　📍 年中無休

8 名古屋から45分　川原町の古い街並み散策＆ジューシー餃子（岐阜）

岐阜駅からバスで長良橋へ。付近の「川原町の古い街並み」は、日本家屋の街並みに雑貨店や飲食店が溶け込んでいて、ゆっくりと散策を楽しみたい場所。鵜飼観覧船乗り場からもすぐなので、シーズン中は鵜飼観覧とセットで楽しむのがおすすめ。岐阜駅近くの「岐州」は、時間が許すならぜひ立ち寄ってほしい餃子店。肉汁がプシャーっと勢いよく飛び出る餃子の噂を聞きつけ、全国から餃子ファンが押し寄せています。1時間以上待つこともざらという人気ぶりなので、入れたらラッキーくらいの気持ちで並ぶのがいいかもしれません。

川原町の古い街並み
🏠 岐阜市湊町・玉井町・元浜町
📞 058-266-5588
（岐阜観光コンベンション協会）

岐州（ぎしゅう）
🏠 岐阜市住田町1-31
📞 058-266-6227
🕐 17:30～売り切れ次第閉店
＊日曜は17:00～
📍 火休

+1時間の旅
京都・大阪・兵庫

9 京都から20分 純喫茶でタイムトリップ（京都）

素敵なお店が多い京都でカフェめぐりをするなら、テーマを絞って臨みたいもの。「純喫茶」に照準を当てたとき押さえておきたいのが「喫茶ソワレ」と「築地」です。まるで宝石のようなゼリーポンチがSNSでも人気の「ソワレ」は、店内の幻想的な青いライトの効果も相まって、ファンタジーの世界に迷い込んだような気分に。「築地」はウインナーコーヒーを初めて京都で出したお店。贅沢な生クリームが気持ちを豊かにしてくれます。「フランソア喫茶室」「六曜社」「スマート珈琲店」等も昭和から続く名喫茶。

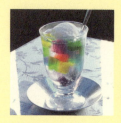

喫茶ソワレ
🏠 京都市下京区真町95
📞 075-221-0351
🕐 13:00～19:30
　（L.O.1F:18:00、2F:18:45）
📍 月休（祝日の場合は翌日休）

築地
🏠 京都市中京区米屋町384-2
📞 075-221-1053
🕐 11:00～19:00
📍 年中無休

10 大阪から1時間 有馬温泉でゆったり（兵庫）

有馬温泉は日本三古湯のひとつ。金泉と銀泉があり、鉄分を含み、空気に触れると酸化して独特の赤茶色に変化するお湯を「金泉」、無色透明のお湯を「銀泉」と呼びます。金泉は塩分の濃度が濃く、塩が肌について薄い皮膜をつくるため、保湿効果が長く続きます。銀泉は炭酸泉かラジウム泉（または混合）で、炭酸泉は飲むと胃液の分泌を刺激する効果もあるそう。ラジウム泉は自然治癒力を高める効果が期待できます。「欽山」や「有馬グランドホテル」など、日帰りプランのある温泉宿もあるので、チェックを。

欽山
🏠 神戸市北区有馬町1302-4
📞 078-904-0701

有馬グランドホテル
🏠 神戸市北区有馬町1304-1
📞 078-904-0181

11 大阪から10分 旅先で行きつけのカフェをつくる（大阪）

よく行く旅先（出張先）なら、ほっと落ち着ける行きつけの場所をつくってもいいかもしれません。私が大阪でよく行くのは梅田阪急ビルにある「**タリーズコーヒー**」。梅田の街を一望できることから"天空タリーズ"と名付け、数年前からお気に入りでしたが、最近は行列ができていることも。お店に入れなくても、展望ロビーで景色を見られるので、一息つきたいときに行ってみてください。また「**グロリアスチェーンカフェ**」はライフスタイルブランドのDIESELが手がけるカフェで、Wi-Fiが利用できるのがうれしい。

**タリーズコーヒー
梅田阪急ビル店**
🏠 大阪市北区角田町8-1
　梅田阪急ビルオフィスタワー15F
📞 06-6365-0566
🕐 施設に準ずる

**グロリアスチェーンカフェ
心斎橋**
🏠 大阪市中央区南船場3-12-9
📞 06-6258-5344
🕐 11:00〜23:00(L.O. 22:00)
　不定休

12 大阪から1時間 六甲山で絶景ディナーを（兵庫）

神戸、大阪、和歌山まで見渡せる関西の定番展望スポット六甲山。クラシックタイプとレトロタイプの2種類の車両がある六甲ケーブルはかわいらしく、行楽気分が味わえます。ケーブルカーを降りて、眺望ポイントの「**天覧台**」へ。景色を堪能したら併設の「**TENRAN CAFE**」で、時間とともに変わる絶景を眺めながら食事を。付近には六甲オルゴールミュージアムや六甲高山植物園などの観光スポットも。また、山上から有馬温泉までロープウェーでアクセスでき、乗車時間はわずか12分なので、絶景と温泉のはしごもできます。

TENRAN CAFE（天覧台）
🏠 神戸市灘区六甲山町一ヶ谷1-32
📞 078-891-1011
🕐 月〜木：11:00〜20:30(L.O.食事は19:30、喫茶は20:00)
　／金〜日・祝：11:00〜20:45(L.O.食事、喫茶ともに20:00)
＊悪天候時は、時間変更の場合あり。
　年中無休

+1時間の旅
福岡・山口

13 博多から45分 門司港でレトロ散歩＆焼きカレー（福岡）

明治から昭和にかけてつくられた建物が今でも残っている「**門司港レトロ**」エリアは散策にぴったり。三井物産の社交倶楽部として建築された「旧門司三井倶楽部」は国指定重要文化財になっており、アインシュタイン博士夫妻が来日したときに宿泊した部屋なども残っています。また、ぜひ食べておきたいのが、門司港発祥の「焼きカレー」。ブームの火付け役となった「**伽哩本舗**」をはじめ、門司港周辺の30以上のお店で食べられます。ふぐ、ちゃんラー（ちゃんぽん麺を使った和風ラーメン）なども門司港の名物です。

門司港レトロ
⌂ 北九州市門司区港町
☎ 093-332-0106
（門司港レトロ倶楽部）

伽哩本舗 門司港レトロ店
⌂ 北九州市門司区港町9-2
阿波屋ビル2F
☎ 093-331-8839
⊙ 平日：11:00～15:00
(L.O.14:30)、17:00～20:30
(L.O.20:00)／土・日・祝：10:30
～20:30(L.O.20:00)
♀ 不定休

14 博多から45分 太宰府天満宮＆梅ヶ枝餅（福岡）

菅原道真公を祭神として祀り、学問の神様として名高い「**太宰府天満宮**」は年間800万人以上が訪れるという人気スポット。境内では四季折々の花も楽しめます。隣には"日本文化の形成をアジア史的視点から捉える"をコンセプトにした「九州国立博物館」もあるので、セットで訪れても。梅ヶ枝餅は小豆あんを薄い餅の生地でくるんだ焼餅で、太宰府天満宮の沿道には「**かさの家**」など人気店がたくさん。おみやげに買って帰ったら、ラップに包んで電子レンジでチンしてからトースターで焼き直すと、焼き立ての味に。

太宰府天満宮
⌂ 太宰府市宰府4-7-1
☎ 092-922-8225
（9:00～17:00）
⊙ 参拝時間は季節によって
変わるので、公式サイトを参照
🔗 www.dazaifutenmangu.
or.jp/sanpai

かさの家
⌂ 太宰府市宰府2-7-24
（太宰府天満宮参道）
☎ 092-922-1010
⊙ 9:00～18:00
♀ 年中無休

15 [博多から45分] 糸島で自然体験&名物スイーツ（福岡）

博多からレンタカーを借りて、美しい海岸線と豊かな自然が注目されている糸島エリアへ。夏はBBQ、冬は牡蠣小屋など季節ごとにお楽しみがあります。また、夏におすすめなのが「白糸の滝」。標高900mの羽金山の中腹にあり、落差は約24m。周辺ではヤマメ釣り、そうめん流し、川遊びなどアニメの中のような「日本の夏」が満喫できます。また、かわいいカフェが多いのも、糸島の魅力のひとつ。白糸の滝から車で約15分、古民家を改装した「SUMI CAFEと。」では、糸島産の塩を使った絶品の花塩プリンが食べられます。

白糸の滝
🏠 糸島市白糸460-1
📞 092-323-2114
（白糸の滝ふれあいの里）
🕘 9:00〜17:00
（7〜8月は18:00時まで）
📍 12〜3月:水休、
12/29〜1/3休業

SUMI CAFEと。
🏠 糸島市本1454
📞 092-330-8732
🕘 12:00〜17:00
（L.O.16:30）
📍 木休、臨時休業あり

16 [博多から1時間] 下関・唐戸市場でお寿司（山口）

「唐戸市場」は一般客でも買い物できる市場で、海産物がずらりと並ぶ様子は圧巻。ふぐやタイの市場としても有名です。毎週金〜日・祝日に開催している「活きいき馬関街(かんがい)」は魚食普及を目的に魚を楽しんで食べてもらうための飲食イベントで、でき立ての寿司を一貫単位で食べ歩きできます。昼時は観光客でかなり混むので少し時間を外していくとよいかも。晴天時なら市場の外のベンチで、関門海峡を眺めながら買ったものを食べるのも心弾みます。クエやウチワエビなど唐戸市場ならではの海産物に挑戦してみても。

唐戸市場
🏠 下関市唐戸町5-50
📞 083-231-0001
🕘 （市場）月〜土:5:00〜15:00／日・祝:8:00〜15:00
＊店舗により異なる
（活きいき馬関街）金〜土:10:00〜15:00／日・祝:8:00〜15:00
＊開催店舗及び終了時間はネタの仕入れ状況により異なる

> サク旅コラム 3

旅の持ち物 | 基本編

Handbag
手持ちバッグに入れるもの

- ☐ 充電用コード <!-- コンセントでカバンの中のものを傷つけないように袋に入れます -->
- ☐ 携帯充電器
- ☐ ガム <!-- ガム〜手鏡は小さな袋に入れてひとまとめに -->
- ☐ 目薬
- ☐ リップ
- ☐ デンタルフロス
- ☐ 手鏡
- ☐ メモ帳 <!-- メモは手書き派。ペンとメモ帳が入るケースに入れて -->
- ☐ ペン
- ☐ ウェットティッシュ
- ☐ ティッシュ
- ☐ ハンカチ
- ☐ 財布
- ☐ 家の鍵
- ☐ カメラ <!-- いつも2〜3台持ち歩いています！ -->
- ☐ ペットボトルの水
- ☐ スマートフォン
- ☐ イヤフォン

\ POINT /

友達と旅行に行くと、自分のコードがわからなくなることもしばしば。マスキングテープで目印をつけておくと見分けがつきます。

重い荷物はフットワークまで重くしてしまうから、
靴は1足（履いていく分だけ）、下着は日数分、着替えは最低限。
旅の持ち物は、削れる部分は削って、足りないものは現地調達！

Rucksack
リュックに入れるもの

- ☐ パソコン
- ☐ パソコンのACアダプタ
- ☐ カメラやスマホの充電器
- ☐ ばんそうこう
- ☐ 常備薬
- ☐ 腕時計
- ☐ アクセサリー
- ☐ ジッパー付きビニール袋
- ☐ ビニール袋
- ☐ メイク落とし
- ☐ 基礎化粧品
- ☐ 前髪留め
- ☐ 軽くて着回しのきく洋服
- ☐ 朝のメイク道具一式
- ☐ 下着
- ☐ 洗濯ネット

（コードがほかのものと絡まないようにポーチに入れます）

（サンプルなども活用して軽量に）

（メイクブラシなどは小さいものに変えます）

（アクセサリー入れに使うなど、何かと使えます）

（着終わった衣類はこちらに。帰宅後すぐに洗濯できます）

\POINT/

着終わった服も活用！割れやすいものを買ったときに保護するために使ったり、荷物の隙間に詰め込んだりすることも。

129

サク旅コラム 4

旅の持ち物 | 応用編

天候やスケジュール、体調を見て
場合によって持って行くもの

+α

- ☐ 水着 — プールのあるホテルに泊まるときなど
- ☐ ハブラシセット
- ☐ マスク — 長時間飛行機や電車に乗るときの乾燥防止に
- ☐ サプリメント
- ☐ 日焼け止め
- ☐ 虫よけスプレー — 自然の多い場所に行くときはマスト！
- ☐ 携帯用の虫さされ薬
- ☐ 帽子
- ☐ 折り畳み傘
- ☐ 生理用品

持って行かなくてもいいけど、
荷物の余裕があるときは入れるもの

+α

- ☐ ドライヤー — いつものスタイリングができないと、旅を楽しめません
- ☐ コテ
- ☐ ブラシ
- ☐ パジャマや部屋着 — ホテル備え付けの浴衣だと寝にくいことも
- ☐ 小腹が減ったときのためのおやつ
- ☐ 小さいハサミ
- ☐ マスキングテープ — パッケージを開けるときなど意外に出番が
- ☐ アイマスク
- ☐ 顔パックや入浴剤 — 右ページ参照

荷物は極力軽くしたいけど、旅先で快適に過ごすことも大切。
かばんの空き具合を見て、荷物を追加することも。
普段は使わないバスグッズや美容グッズも持って行くと楽しい！

持ち物についてのマイルール

部屋着
ホテル備え付けのパジャマではなく、リラックスできるお気に入りの部屋着で過ごすと、ビジネスホテルでもゆったり。

パット入りキャミ
ブラは締め付けられるので、移動中に楽に過ごす＆荷物を軽くするためにパット入りキャミを愛用。ユニクロ最強です。

1枚入りの顔パック
ホテルでは、パックをしながら音楽を聞いたり映画を見たりして過ごすのが好きです。おみやげでもらった顔パックが活躍。

入浴剤
旅先でのお風呂はついつい長湯になりがちなので、入浴剤を持参。湯船につかってマッサージし、疲れを翌日に残しません。

キンドル
移動時間は最高の読書時間。紙の本や別端末を持つと荷物が重くなるので私はiPhoneアプリで電子書籍を読んでいます。

おやつ＆ペットボトルの水
すぐにコンビニに行けないことも考えて、予備の飲み物を必ず荷物に忍ばせています。小腹が減ったとき用のおやつも。

サク旅コラム 5

おすすめの
カメラ＆アプリ

camera
カメラ

OLYMPUS
PEN

1 本気撮影用のPEN

料理や風景を本気で撮りたいとき用。カメラ初心者で知識がなくても、きれいに撮れます。PEN E-PL8はモニターが約180度回転するので、セルフィーにも便利。見た目のかわいさも気に入っていて、これを持っていると、ほどよく「カメラ女子」感が出ます。

CASIO
EXILIM

2 自撮りで活躍のEXILIM（エクシリム）

レンズと本体を切り離せるEXILIM EX-FR100Lは、ひとり旅でも気軽にセルフィーが撮れます。脚長ガイド機能もついていて、自撮りを盛りたい人向け。クセのあるカメラですが、だからこそ使いこなすと、ほかのカメラでは撮れないアートな一枚が撮れます。

RICOH
THETA

3 360度の世界が撮れるTHETA（シータ）

360度撮れる全天球カメラ。肉眼では見えない部分も撮れるので、後で見るとフィルムカメラを現像するときのようなワクワク感が。私はTHETA専用のインスタアカウント（@ha_chu122）も持っています。カメラを出しにくい場所でもスマートに撮れるのも◎。

HUAWEI（左）
iPhone（右）

4 スマホも撮影に活躍！

重いカメラを持って行きたくないときは、スマホで撮影。iPhoneは新しくなるたびにカメラ性能が上がるので、つい買い換えたくなってしまいます。カメラとして使うためだけに買ったHUAWEI P10はライカと共同開発のレンズを使用、一眼レフで撮ったような写り（左写真）。

旅先で出会った、感動的な風景やおいしい食事、かわいいもの。
きれいに撮影して、SNSでシェアするのも旅の醍醐味です。
ここでは私の愛用カメラや、画像加工に使うアプリをご紹介します。

application
アプリ

Instaflash Pro（有料）

暗い場所で撮った写真を明るくしたり、色味を細かくコントロールできるアプリ。似たようなアプリだと、Googleが開発しているSnapseed（無料）もおすすめ。アプリは似た機能のものがたくさんあるので、自分が使いやすいものを探してみてください。

Foodie（無料）

ごはんをおいしく撮るためのアプリですが、海や空をこれで加工すると鮮やかになります。「ポジターノ」と「トロピカル」というフィルターが特に好きです。このアプリを使った撮影は消音設定にできるので、静かな飲食店で写真を撮るときにも便利です。

TouchRetouch（有料）

机の上のおしぼりや写り込んでしまった通りすがりの人など、写真から消したいものをこれで消しています。完全に存在を消せる代わり、うまくやらないと空間が歪むので注意。モザイク処理だけしたいときはフォトアレ2やBlurCamera（ともに無料）を使っています。

THETA＋（無料）

THETAで撮った写真を編集加工できるアプリ。私がTHETA専用のインスタアカウントにアップする際は、すべてこのTHETA＋の画像編集で「リトルプラネット」というモードで加工しています。静止画を合わせて動画風に見せる「タイムラプス」編集も楽しいです。

133

サク旅
コラム
6

旅のスマホ活用術

準備に使えるアプリ

1 Google マップ

行きたい場所を検索し、自宅からの交通ルートや周辺の施設を調べるのに便利(p60参照)。「リストに保存」という機能で行きたい場所を保存すると、自分だけのルートマップができあがります。

2 食べログ

言わずもがなのグルメアプリ。レストラン検索におすすめです。ただし、休業情報などは食べログに反映されていない場合があるので、お店の公式サイト等で最新情報を必ずチェックしてください。

3 Facebook（フェイスブック）

チェックイン機能を使うと、その場所にいることが知り合いに伝わり、その場所を訪問したことのある人に生のクチコミがもらえる可能性が。いつの時代も「友達のおすすめ」は一番信頼できます。

4 Google Trips

Gmailアカウントでログインしておけば、メールを読み取って予約情報をまとめてくれるほか、行き先近くのおすすめスポットや、自分がGoogleマップで保存している場所を表示してくれます。

5 ファッションレンタル - メチャカリ

旅行中にちょっとおしゃれしたい人におすすめの月額制洋服レンタルサービス。登録すると新品のお洋服が借りられます。私は1回に3アイテムまで借りられる月額プランを愛用。

いかにスマホを賢く活用できるかが、
旅の充実度を決めるといっても過言ではありません。
準備中も当日も、スマホフル活用で、時短、身軽、充実！

当日使えるアプリ

1 Amazon Music

音楽をダウンロードしておくと、移動時間や隙間時間を無駄なく楽しめる。Amazonプライム会員はPrime Musicで100万曲以上の楽曲や、数百のプレイリストが追加料金なしで聴き放題。

2 Amazon プライム・ビデオ

ネット上でテレビ番組や映画をレンタル・購入できる動画サービス。長時間の移動のおともに。Hulu（動画ダウンロード不可）やNetflix（動画ダウンロード可能）でも動画視聴が楽しめます。

3 Twitter （ツイッター）

店名で検索すると、行列の待ち時間やお店の評判を把握できます。お店に行く直前にツイッターで臨時休業を知って、交通費を無駄にせずにすんだことも。お店の公式アカウントも要チェック。

4 Instagram （インスタグラム）

レストラン情報を見れば、一番人気のメニューが一目瞭然。また、その場所の人気投稿を見ると「インスタ映え」スポットもわかります。料理を撮るときの見本構図が並んでいて、参考になる…！

5 Google フォト

その日に撮った写真データは、ホテルなどWi-Fi環境が整った場所で、すぐにクラウド保管しておくのをおすすめします。撮った場所や写っている人ごとに後から検索できるのも、便利。

はあちゅう

1986年生まれ。幼少期を香港、シンガポールで過ごす。慶應大学法学部在学中に友人と企画した期間限定ブログが書籍化されたことをきっかけに媒体を横断した発信を開始。卒業旅行は企業からスポンサーを募り、タダで世界一周を敢行した。卒業後、電通、トレンダーズを経てフリーに。著作多数。

この本（国内編）が売れたら、「サク旅」2泊3日・海外編を出すのが当面の夢。

月刊はあちゅう https://note.mu/ha_chu
ツイッター、インスタグラム　@ha_chu

書籍の感想をSNSにつぶやくときは「#サク旅」とつけてください。

編集：野田りえ
デザイン：佐藤ジョウタ　永吉悠真（iroiroinc.）
イラスト：寺門朋代（TUMASAKI）
撮影：魚地武大[P128-133]
校正：東京出版サービスセンター
企画・進行：海瀬僚子　海保有香　田中寿典　田所友美（SDP）
営業：川崎篤　武知秀典（SDP）
宣伝：飯田敏子（SDP）

〈協力〉
Airbnb
共同ピーアール
ジェイアール東海エージェンシー
じゃらんnet
トランジットジェネラルオフィス
ながのアド・ビューロ
プラップジャパン
ブランコンサルティング
三重県

〈写真提供〉
高見裕治
ピクスタ
ヒトサラ
他、関係各施設

P126「門司港レトロ」掲載作品名
「門司港レトロサンセットフォトコンテスト入賞作品」

P56「金沢21世紀美術館」掲載作品名
B-1「まる」「銀の椅子」、B-2「レアンドロ・エルリッヒ《スイミング・プール》2004」、B-3「フロリアン・クラール《アリーナのためのクランクフェルト・ナンバー 3》2004」

1泊2日で憧れを叶える！
サク旅 〜国内編〜

発行　　2018年2月15日　初版 第1刷発行

著者　　はあちゅう
発行人　岩倉達哉
発行所　株式会社SDP
　　　　〒150-0021　東京都渋谷区恵比寿西2-3-3
　　　　TEL 03(3464)5882（第一編集部）
　　　　TEL 03(5459)8610（営業部）
　　　　http://www.stardustpictures.co.jp

印刷製本　図書印刷株式会社

本書の無断転載を禁じます。
落丁、乱丁本はお取り替えいたします。
定価は表紙に明記してあります。
ISBN978-4-906953-53-0
©2018SDP
Printed in Japan

この本ははあちゅう氏主宰のオンラインサロン『旅サロン』メンバー様、ツイッターのフォロワー様、旅好き・ごはん好きのご友人様のご協力を得て編集させていただきました。温かいご協力本当にありがとうございました。